39

Mystery

39

Mystery

39
Mystery

39

Mystery

神啊！
我要怎麼問你問題？

10年經典版

問神達人 王崇禮◎著

神啊！我要怎麼問你問題？（10年經典版）

作　　者　王崇禮
美　　編　吳佩真、李緹瀅
文　　編　謝孟希、王舒儀、曾鈺婷
主　　編　高煜婷、劉信宏
總 編 輯　林許文二

出　　版　柿子文化事業有限公司
地　　址　11677臺北市羅斯福路五段158號2樓
業務專線　（02）89314903#15
讀者專線　（02）89314903#9
傳　　真　（02）29319207
郵撥帳號　19822651柿子文化事業有限公司
投稿信箱　editor@persimmonbooks.com.tw
服務信箱　service@persimmonbooks.com.tw

初版 1刷　2011年11月
　　33刷　2013年12月
二版 1刷　2014年09月
三版 1刷　2022年02月
定　　價　新臺幣380元
I S B N　978-986-5496-70-8

歡迎走進柿子文化網　http://persimmonbooks.com.tw
粉絲團：60秒看新世界
～柿子在秋天火紅 文化在書中成熟～

國家圖書館出版品預行編目(CIP)資料
神啊！我要怎麼問你問題？（10年經典版）／王崇禮 著.
--三版.--臺北市：柿子文化，2022.02
面；　公分.--（mystery；39）
ISBN 978-986-5496-70-8（平裝）

1.CST: 占卜 2.CST: 民間信仰
292.8　　111000103

推薦序

第一本一步一步教你如何問神的SOP祕笈

基本上，我的專業養成是比較科學的。以現在研究很重視的「實證醫學」來看就能夠了解，要讓大家信服你的理論，最好的方式就是「實證」。

看待一篇期刊的價值，得從它的文獻回顧、理論基礎、實驗設計，並依邏輯推理來設定假設，再加上統計信度（可靠性）與效度（有效性）之後，數字就會說話，有幾分數據結果，就說幾分話，這些皆攸關且決定著這份期刊的「分量」。

然而，「擲筊」這件事要如何用科學的方式來解釋呢？老實說，我之前一定會不加思索地回答：「那是機率問題！」擲筊時一直「換句話說」，只要問的問題一樣，連續擲筊，一定會出現一正一反的「聖筊」——所以，擲筊是種「安慰」人的工具？

但仔細觀察之後，卻慢慢發現之前鐵齒的推論——擲筊是機率的問題——反而漸漸地被自己推翻了！就因為我無法用科學、用機率的角度來反駁和解釋親眼看到或自身擲筊的結果，所以現在我真的相信老一輩人所說的「舉頭三尺有神明」！

以擲筊問神明問題不是一件容易的事，需要整合多年的知識與經驗，其中最重要的是，精準地找出根本的問題（欠點）是什麼，才能進一步徹底解決問題，這確實很符合科學：先找出病根，才能對症下藥。

知道神明的存在，且可以幫我們指點迷津後，要如何用擲筊來跟神明諮詢呢？有擲筊經驗的人應該都能體會，我們通常只會問YES or NO這類的問題，擲筊後得到了答案……然後呢？就愣在那兒了，因為經驗的不足，所以無法抽絲剝繭問出核心問題或解決方案，只能悻悻然地草草結束或繼續不放棄的「換句話說」，導致問題不但沒有得到解決，反而又衍生出更多問題。所以，王博士藉由二十多年來擲筊所累積的經驗，很科學地幫大家分析出一套「SOP標準作業程序」。把擲筊的過程中應該注意的事情、如何循序漸進地問出問題核心，以及怎樣問出解決方案等，全部告訴大家。

《神啊！我要怎麼問你問題？》可說是全國第一本仔細且有條理地教我們如何問神明問題的書籍。我相信，讀者閱讀此書後，對於道教如何用擲筊來問神明問題將會有更深入的了解，有助於讓自己有個提問方向。再加上正確使用擲筊，爾後若遇到問題，我們也可以自己跟神明諮詢，不至於遇到問題後驚慌失措、六神無主，甚至被有心人士或神棍之流所制約，不僅勞神又傷財，問題也依然存在。

如果您閱讀了此書，恭喜您，不管遇到人生什麼問題，可以試試跟祂展開另類的溝通了！

沈佳蓉，高雄長庚醫院復健科物理治療師

回味無窮！一窺玄妙的問神世界

與崇禮老師認識多年，剛開始僅知他能文能武，文的部分是英文教學特優，武的部分就是打了一手好球，這些都讓我望塵莫及。然而，最讓我訝異的是一次球敘結束後，崇禮老師拿了一疊寫滿祖先名字的紙張認真研究，我很好奇地問：「這些做何用處？」他回答說：「處理祖先及倒房問題。」當時，我內心驚訝不已，崇禮老師還真是深藏不露！隨後也激起了拜讀他著作的興趣，這一讀可不得了，只有四個字可形容：「欲罷不能。」

相信很多人都有到大小廟宇問神問事的經驗，不外乎求神明賜平安或是遭遇困難求神明指點迷津。然而，如果自身較無經驗，一開始會遇到的窘境就是：我該如何問？請人幫忙問好嗎？臺灣廟宇錯綜林立，問事自然形成一定的市場，所以有些人會假神明之意行牟利之實，而崇禮老師最讓我感佩的就是：問事隨喜隨緣，從不開價幫人問事。

在我過去的不愉快經驗中，有廟祝跟我說：「你遇到困難是因為前世種了孽因，要花很多錢才能解決。」但細查一下，很多廟宇都沒有管理委員會，那麼信眾的捐獻都到哪去了？這也讓我明白，出淤泥而不染是何等不容易，但崇禮老師做到了。

電視節目《新聞挖挖哇》和《命運好好玩》常常可以看到崇禮老師講述許多真實案例，事件內容涵蓋人際、愛情、運途和事業等。每個故事都讓人回味無窮，令人感動神明的慈悲與教化，也對崇禮老師樂於助人問事持續二十多年從不間斷感到十分敬佩。很多有緣人都曾受到王老師的幫助，相信也有許多人還在等待這樣的緣分。在此誠摯推薦本書給所有的有緣人，這本書將會帶給您正確的問神方法，並教您如何問問題；問對了，神明才會給您正確的指引，也期待大家同我一同入門，一窺玄妙的宗教世界！

林宏濱，樹德科技大學休閒與觀光管理學系副教授兼副主任

讓你帶著信心與神明溝通

一切都是偶然，就好比作夢也沒想過，自己居然會為暢銷書寫推薦序。

某一天逛書店時，我無意間發現宗教類暢銷書排行榜第一名的書，書本封面色彩與編排完全顛覆自己刻板印象中的肅穆和單調。在好奇心的驅使下欲將其取下翻閱，這才發現書名叫《神啊！我要怎麼問你問題？》。

本人從事教職，從當學生和老師的經驗中深刻體會到，若對事情的本質無基本認知與了解，往往會不知如何問問題。因此，《神啊！我要怎麼問你問題？》的書名立刻衝擊我的內心，自問逢年過節常和長輩到廟裡拜拜，究竟懂不懂怎麼問神明問題？如果我連問神明問題都不懂，是否也代表我對這個宗教信仰的認知膚淺？那我以前……當下有太多問題縈繞在腦海中，沒一會兒，注意力

又被書本封面上關於作者王崇禮老師的背景所吸引——白天和我一樣在大學教書，晚上則當神明助手。我心想，學術界居然有此奇葩！「他」究竟是何許人也？

心中有太多的疑惑需要解答，未曾買過宗教類書籍的我立刻把這本書買回家。看完書後，心中的疑惑也被一一解開。我必須承認，之前自己對傳統宗教信仰的認知，的確是一知半解，對問神的意義和觀念並無深入了解；擲筊和抽籤程序也不對，更不用說能對擲筊結果和籤詩隱含的意義做出正確解讀，進而體會神明的用心。

從書中，我了解心中原先認為是奇葩的王老師，是如何成為神明助手的心路歷程，更驚訝他能以做學術研究的嚴謹態度為讀者解惑，以近乎科學、符合邏輯的方式詳細介紹擲筊和抽籤的意義、觀念與步驟；而書本內容的編排與架構，完全是以便利讀者閱讀的方式為原則。王老師不但將章節內容的重點濃縮成各種問事流程圖，「王博士小叮嚀」更是他為讀者所做的解惑重點筆記，可謂精華中之精華。

此外，此書還具備一項一般宗教書中較不易看到的特色，那就是王老師以許多過去幫人問事的實際案例作為釋例。這些案例在本書中深具畫龍點睛之效，不但讓讀者更容易理解書中的理論內涵，在王老師以小說筆法的敘述情境下，更讓人有身歷其境之感，閱讀起來著實多了幾分樂趣。從「學術」的角度而言，這些案例不但是有用的活教材，更是驗證理論的最佳實證。

凡此種種，皆和我自身受的專業養成教育很接近，因此不得不佩服王老師的功力，以及他的用心良苦。從事學術研究的人，必有一、兩本隨手可得的工具書，隨時可供翻閱重點找到解答。本人建議讀者可將此書作為問神的工具書，在有需要的時候隨時翻閱一下書中重點，必能讓你帶著信心與神明溝通。

莊文議，臺灣大學財務金融學系副教授

以自己之智慧和神溝通

在我心中一直存在一個疑問，為什麼我們老是在電視、報章雜誌上看到或是聽到又有人被某個宮、哪個廟或神棍騙財騙色而人財兩失呢？這種事不是常在電視上被報導出來嗎？大家理當知之甚詳呀！為什麼這些事還是一再重複上演？原因可能很多，或許是當事人一時受挫，六神無主、不知所措，也或許是命運乖舛急於改變現狀而亂投醫，若再遇上不肖之徒，難保不受害。

我的同事王崇禮博士有一天拿了一本書說要送給我，書名叫《神啊！祢到底在幫我什麼？》，這馬上引起我的興趣，這本輕薄的小書教導了一些正確的宗教觀念，讓我們避免受騙而人財兩失；後來，崇禮兄更邀請我為《神啊！我要怎麼問你問題？》寫序，個人願盡棉薄之力予以推薦，期盼得以幫助需要幫助的眾生。

《神啊！我要怎麼問你問題？》告訴我們除了靠乩童或靈媒，還能以自己之智慧與神溝通；

內容主要言及如何利用擲筊向神問問題，才能獲得回答，並針對人們常問的幾大問題，如身體、婚姻、事業、考試及學業等，詳細剖述該如何問才會獲得神的意旨，閱讀本書之人，必能從中獲益。

有一句臺灣話說得好：「遇事要靠人，也要靠神。」王教授本著濟世救人之職志，提倡正確之宗教概念，但有事總是不妙，在此提供「防患於未然」之心命詩一首：「心好命又好，富貴直到老；命好心不好，福變為禍兆；心好命不好，禍轉為福報；心命俱不好，遭殃且貧夭；心可挽乎命，最好存仁道；命實造於心，吉凶惟人召；信命不修心，陰陽恐虛矯；修心一聽命，天地自相保。」以呼應王教授濟世救人之職志。

曾宗德，樹德科技大學通識教育學院院長

你也可以變問神達人

偶然從《新聞挖挖哇》的播出看到王崇禮老師分享神明托夢幫助他躲過九一一攻擊事件，又如何暗中相助完成博士學位等與神明的奇遇記後，當時正面臨人生低潮的我，立刻上網訂購王老師的《神啊！我要怎麼問你問題？》，書一到手，便迫不及待的挑燈夜戰，拚完整本書。

不同於坊間刻板的宗教書，王老師以研究學問的手法整理出一套科學且有系統的問神技巧，並藉由一段段不同的人生故事傳達感動人心的「愛」與「情」。

原來，神對世人是如此用心良苦，祂要我們從挫折中學習智慧，珍惜失而復得的喜悅——科學、邏輯、感人心曲的描繪方式是我對王老師的著作愛不釋手的主因！很幸運地，從出版社官網得知有場臺北座談會，進而認識了王老師本尊。

這次，對王老師更是印象深刻了！整場座談會生動傳神，當聽眾聚精會神聆聽時，王老師會冷不防地蹦出一句冷笑話，暖熱了濕冷的冬天，逗樂了現場的聽眾。我好長一段時間的低落心情，也不自覺地放鬆許多。藉由這次機緣，我很放心的向王老師諮詢自己的感情問題。出乎意料的，王老師除了親切解答之外，還不時鼓勵我正向、勇敢的面對挫折。就這樣，在人生谷底結交了這位良師益友，也為我開啟了道教的新視野。王老師的問神哲學中有幾個很重要的觀念：

一、人在什麼時候才會求神問卜、求助於宗教的力量呢？當徘徊在人生十字路口、求助無門，且這個問題已超過自身的解決能力範圍，就會希望藉由宗教的力量指引明路，安定心靈。然而，人往往容易在最脆弱時六神無主，導致病急亂投醫、盲目跟從。結果，原先的問題沒解決，反而又衍生出另一個問題，最後陷入黑暗輪迴之中……社會上這樣的案例層出不窮。

二、在面臨人生問題、心志脆弱時，該如何保護自己？從現在起，開始培養「蹲馬步」的功力——從了解正向、正確的信仰觀念開始吧！其中很重要的一點是：並非所有問題求諸神明就能解決。一半靠人，一半靠神，也就是王老師口中常說的「人五分，神五分」。為什麼人的順位排在神前面呢？因為神助自助者啊！因此，我們要先能判斷遇到的問題該不該問神。

三、遇到問題時，請神明幫我們找出問題的癥結點。找到根本問題後，解決無形的問題是神明的專長，但是人方面的問題，比如想法、個性、協調就要靠自己努力了。任何事情的圓滿解決，要人也要神，缺一不可。

四、如果某算命師或宮廟的神職人員告訴你，要花多少錢辦法會才能解決問題，而自己對此又有所質疑時，至少在做決定之前，給自己一個驗證的機會，擲筊確認：這樣做好？或不好？

五、想直達天庭，向神明問到正確的答案，判斷出這個問題可以問神後，又該怎麼問？切入點很重要，擲筊是最沒有人為意識介入的問神方法，同時，這也是訓練邏輯的好機會。《神啊！我要怎麼問你問題？》就是一本教導如何正確問事的工具書。書中，王崇禮老師獨創的「問神流程圖」有系統的歸納出邏輯，只要有正確的基礎知識，再搭配現場靈活運用擲筊問問題，假以時日也能成為問神達人喔！

黃馨媚，深超光電董事長特助兼營銷策略總處處長

讀者迴響

【政忠，彰化縣】每次王老師在FB一公布問事日期，就瞬間秒殺，掛號實在不易。其實，也可以依王老師書上所教的方式，到家中附近的大廟問事，得到的答案會一樣。以我來說，過年時求到個人年運籤，跟王老師在大廟幫我問事時求到的籤詩竟然一樣，真讓我嚇了一跳！但同時也驗證王老師說過的：只要問事方式正確，不管去哪間宮廟，問出來的答案都會一樣！十分感謝王老師！

【陳胤驊，花蓮縣】認識王老師是因緣巧合，一是來自書，進一步認識則是在媒體上，王老師用科學及常理揭開道教的神祕面紗，讓芸芸大眾與我們土地上的神祇更親近。

【嘉欣，新北市】沒想到國中教育會考制度的不完善，會造成我女兒那麼大的心理不平衡，所幸城隍爺發現這個問題，並經由王老師的解籤打開了女兒的心結，讓她破涕為笑……身為父母的我們，真的很感謝王老師！

【盧威廷，台北市】感謝王老師！岳父因意外過世後的兩天內，能藉由問神幫岳母了解岳父之遺願和遺言。謝謝老師所傳達的受用訊息，希望大家都能將王老師所教的基本問事技巧學起來。

目錄

第2部

★問神達人王崇禮神奇辦案——久病父親的心願

廟裡來了三位中年姊妹，以及她們的老母親，目的是為中風插管躺在病床上的八十多歲老父親，詢問一條未來的明路。但是，神明並未對老弟子的身體、本運、家運等方面給予指示，而是指出了「老弟子有心願未了，無法安心放下」，老先生的未了心願到底是什麼呢？

不甘心就這樣離職，所以想請神明指引一條明路。而神明給了三支籤，指示她「明年可以準備退休」了。

★問神達人王崇禮神奇辦案——飛越萬里的問事

孩子明明很聰明，也很努力，並立志想當醫生，卻在報考大學時遭遇挫折，信心受到嚴重打擊，而為了孩子的未來，旅居國外的媽媽特地搭機回臺，希望王老師能幫忙，請神明來重建孩子對未來的希望。誰知，一番請示後，神明表示，根本的問題就出在家裡大廳桌上那三尊「未開光」的神尊……

★問神達人王崇禮神奇辦案——一張餐巾紙折出錦繡前程

一位高中女生為了大學選讀的科系來請示神明，由於她自己對藝術、設計有興趣，所以針對她所列出的選項，神明指出某校的應用藝術系適合她。但是，在一次的練習中，她用一張餐巾紙做出了一件高雅有有設計感的婚紗禮服，意外發現對服裝設計有濃厚興趣，於是再來請示神明，是否改念服裝設計系會更適合……

引言

跳Tone人生：白天是大學教授，晚上當神明助手

一個留美歸國、在大學教書的教授，晚上卻換個身分，在宮廟裡當神明的助手，這在許多人眼中或許會感到非常不解。曾經我也非常「鐵齒不信神」，然而，從「不信」到「信」，我的想法究竟是如何轉變、過程中又發生了什麼事……我想我得把這過程寫下來，如此一來，整本書才會有一個連貫性。

從朋友的營運危機開始……

以前跟我較常在一起的朋友，是從國小、國中就認識到現在的。他們有些人自行創業，而我是一個上班族。上班族的優勢就是領固定薪水，不用為生意上的事擔憂，而我那些自行創業的朋友們，就常為生意的營業額大傷腦筋，因為他們事業上的店面是租的，租金也是一筆大開銷——一旦租金跟營業額無法平衡，就有結束營業的危機。

我那位朋友蠻認真地在經營自己的事業，但再怎麼努力，還是無法突破困境。心灰意冷的他，

已開始準備結束營業，另求發展途徑。就在這個時候，我的另一位朋友帶這位正面臨事業困境的朋友去宮廟裡問神，請教神明該如何化解他的營運危機。過了兩個禮拜，一晚，我在下班後拜訪這位朋友的店。本來是抱著若真的結束營業，還可以多個人手幫忙整理東西的心態而前往，沒想到踏進店裡時，竟看到好友滿面笑容。

當時並不知問題早已解決，我甚至還讚嘆朋友頗有大將之風，都這種時候了，還笑得出來，直到在場幾個朋友告知處理這件事的過程後，這才恍然大悟。

不過，我心裡非常懷疑，真的是這個「因素」造成生意上的危機嗎？真有這種事存在？朋友則說：「別不信邪，真的是這樣。」

儘管大家一致告訴我事情是如何不可思議，我還是一樣吃著我的香雞排、喝我的珍珠奶茶，暗想著：「騙人的吧！」

隔天，我一如往常到朋友的店裡聊天泡茶，幾個朋友的談話內容繞來繞去三句都不離問神的事──尤其是好友生意處理前後的天壤之別。這樣過了一陣子，我不禁開始懷疑：這些人是不是走火入魔了？

老實說，這件事的確有一點勾起我的好奇心，但卻沒辦法給我足夠的動力去深入了解。因為人只要沒有「身處其境」，就很難「感同身受」──也就是說，我沒有經歷過朋友那種事業困境，無法體會他焦慮的心情，自然也就不會想到要向宗教尋求解決之道。

意外的車禍

「人無日日好，花無百日紅。」每個人都希望自己的人生道路平順，卻不一定能如願。原本想當個領固定薪水的上班族，只要按照老闆的要求，準時上下班，在經濟上應該不會有太大的問題，可是接二連三發生一些事，讓生活有了變化，也使得我開始覺得——人生有些事情確是乖舛。

通常，我騎車或開車的速度都不會很快，可是有一天下班，因為急著要處理一件事，所以車子就騎得快了些，深怕趕不上時間。沒想到，就在快到家的一個巷口，一位騎腳踏車的老太太忽然衝出來，我來不及剎車，就這樣正面撞了上去。老太太被我撞得飛了出去，她的腳踏車當場斷成兩截；我有戴安全帽，頭雖然撞到地板，卻無大礙。我最擔心的反而是老太太，她年紀這麼一大把，怎麼經得起這突如其來的衝撞，況且她還沒有戴安全帽！

我忍痛爬起來，趕快扶起倒在地上的老太太，發現她的左腳已腫得像拳頭這麼大，不僅無法行走，且呼吸困難。我雖害怕，卻也知道這時一定要鎮定。此時，路邊的行人也跑過來幫忙，我請他們趕緊叫一輛計程車，把她送去醫院。到了醫院後，醫生馬上為老太太做醫治，我則由另一位護理師負責。

我只是皮肉傷，沒什麼大礙，讓護理師包紮完後，我就一直坐在醫療室外面的椅子上等待。那時我面無表情，腦海裡一片空白。就在這時，老太太的兒子來了。我向他說：「真的很對不起，是我撞到你媽媽，我會負起一切責任。」年輕人向我點了點頭，也許是認同我的誠意吧！這個時候，老太太一跛一跛地走出來，我趕緊跑過去扶她坐下，同時醫生也對我說：「腦部沒問題，只是皮肉傷比較嚴重。」聽到這，我不安的心瞬間放鬆了下來。

那段期間，我每隔一天就到老太太的家裡關心她的傷勢。由於老太太所騎的腳踏車已經斷成兩半，我還買了一輛大小差不多的腳踏車還她。她看到腳踏車時非常高興，還對我說：「何必那麼破費。」聽她這樣說，我更愧疚了。一個月後，老太太的腳好了，這件事才總算落幕。

考試落榜，沮喪到極點

這起意外事故讓我對生命有了新體驗，凡事也都小心謹慎許多，只是，有些事不是這樣就可以避免的——不管怎麼預防，會發生的事就是會發生。

在意外車禍落幕後，心裡總算輕鬆了一點，因此我把所有的時間都著重在課業上。當時我半工半讀，希望有朝一日能到美國念書，一圓留學夢。想到美國留學通常可採取兩種方法，一是到美國念語言學校；另一種是通過托福考試。兩種方法各有其優缺點：念語言學校的花費比較貴，而托福考試則很難考，得下很大的功夫，不過那時我囊中羞澀，也只能乖乖選擇後者了。

現在的托福考試採用電腦考試，在當時則是筆試。托福要考聽力、文法、閱讀和作文，我的聽力不是很好，最擔心這部分。考聽力是在教室前放一臺錄音機，播放錄音帶讓考生寫下聽到的答案，所以一定要很專心。考試開始後不久，錄音帶正播放著英文考題，剛好這時窗外有輛消防車開著蜂鳴器一路駛過，被這聲音一擾亂，很多題都沒有聽得很清楚——當下我就知道自己的聽力部分一定完蛋。果然不出所料，我落榜了，心情壞到不能再壞，整個人不知所措，像行屍走肉一般。

晚上心情很悶，就到朋友家泡茶聊天，看能不能讓自己好過一點。泡茶時，我那些朋友又聊到宗教上的事，我聽他們講完後問：「到底是不是真的？你們講得好像很玄，可別騙人啊！」其中一位朋友說：「你可別不信啊，有一些事真的很玄妙，真的無法用科學來解釋！」

好奇心終於被挑起了，考試的失敗讓我想去一探究竟，於是就和朋友相約一起去他上次問事的那間宮廟拜訪——這也是我人生轉變的開始。

六張籤詩，因緣的開始

到了那間宮廟後，朋友先教我一些程序上的事，包括要問什麼、說什麼。我想問考運，接著當時負責問事的先生便幫我請示神明。當下神明就賜給我六張籤詩，第一張籤詩的第一句話就是：「弟子，你既然不信神，為什麼又要來問我。」完整籤詩是這樣寫的：「君爾何須問聖跡，自己身中皆有益。于今且看月中旬，凶事脫出化清吉。」

我嚇了一跳。是啊，我是不信神，但怎會在籤詩上顯現出來？當下，我的心理立刻產生了變化，對問神之事也更加好奇了。

聽完了這六支籤詩的意思後，雖然依當時的智慧還無法完全領悟當中的奧妙，但至少有個道理我明白了，這一連串意外事故與不如意，再加上籤詩的內容，讓我對生命有更深入的體悟——人的一生，很難一輩子一帆風順且毫無挫折。

究其原因有很多，但最重要的是「鳳鳥乘風、聖人乘時」，人的運勢不斷運轉著，有運勢強就有運勢弱的時候，只是時間的問題——就好比是地球自轉，當它轉到面對太陽時就是白天，烈日當頭，有足夠的光線可以看清一切事物；相對地，背對太陽時就是夜晚，氣溫低，光線不足，一不小心就可能有失足之虞。

唯一不同的是，天亮的時間是固定的，至於運勢，一般人卻很難確切知道什麼時候會轉強？何時轉弱？什麼時候能化暗為明？要多久才可以否極泰來？如果要化暗為明、逢凶化吉，又該怎麼做？又有誰可以幫我呢？這一連串的問題忽然在我的腦中漸漸浮現，也促使我踏入宗教的第一道門，而且是非常重要的一個關鍵。

我是一個很鐵齒的人，鐵齒並沒有錯，但此時我知道要適可而止了。這六張籤詩就是開啟我認識神明和問事的第一扇大門，它們顯示了我內心的疑惑。從那時起，對問事產生好奇與興趣的我，便常在對宗教、真理或人生有疑惑時，去廟裡向神明請教一二。

十幾年觀察，走入宗教

當家中所有的事情（欠點）經過神明幫我處理完後，有一天，神明忽然對我說：「弟子，你出國留學的時機到了，把考試的日期拿來，我來挑一個你考運最好的日期。」果不其然，這次真的順利通過托福跟GRE考試，在二〇〇一年一月五日正式出國留學攻讀碩士，二〇〇六年拿到博士學位，最後在二〇〇七年回臺灣。就在出國留學的前兩天，我還記得神明最後一次交代：「你這次出國留學好比是三藏取經，學成回國之後還有重要任務要你去完成，這個任務對整個社會非常重要，千萬不要辜負我們對你的期望。」當時要追問是什麼任務時，神明卻什麼也不說了，只留下一句：「日後你自然就會明白。」

直到今天，我終於知道這本書就是當年神明所說的「任務」了——弘揚信而不迷的宗教信仰態度、導正社會對道教的觀感，並教導世人如何問神明問題的正確觀念。

說實在的，從小到大我跟隨長輩去過非常多的宮廟，也親身經歷過各種問事方法，所以也花了十幾年時間去分析曾去過的宮廟的整個問事流程。有些地方問事確實很準確，但沒有辦法幫你處理；有些地方是問不出一個所以然，便胡亂說是因為前世因果或冤親債主所導致，最後因為當事人經濟困難、無法負擔費用而不了了之；有些地方則講一些會讓你害怕的事，最後甚至要你花一大筆錢才能幫你解決……

這些地方問事的方式我不做任何評論，然而，正是因為這麼多讓人不知所措的現象，讓我最後毅然決定用心學習正確的問事方法，讓更多求助宗教、神明的人能夠真正理解神明的意思。

「白天是大學教授，晚上當神明助手」，大多數的人看到這個標題，第一句話總是問我，那你還有個人時間嗎？很少，確實很少。這兩個身分雖然看起來截然不同，但不管是白天還是晚上的工作，其實都是在傳道、授業、解惑，不是嗎？上天既然賦予了這個使命，我就應該鞠躬盡瘁，死而後已。

只要能幫助困苦之人得到解脫，對我而言，此生也不枉費在這人世間走一遭。

序言

如何用擲筊方式問神明問題

繼結緣小書《神啊！你到底在幫我什麼？》（後來已補充增訂內容正式問世《神啊！你到底在幫我什麼？》，柿子文化出版）獲得非常大的迴響之後，經過好幾版的印製，至今仍有很多讀者來索取。這些讀者也一而再，再而三的要求我繼續寫新書。

我花了整整一個月的時間思考並構思新書要如何著手，思考的角度包含這個社會和民眾需要些什麼、我能幫社會大眾做些什麼、現今的道教給社會的觀感是什麼、現今道教需要的又是什麼……諸如此類的方向，等思緒沉澱後，終於讓我有一個清楚的目標。我整合所有的目標與方向，應讀者要求，最終決定把本書取名為《神啊！我要怎麼問你問題？》。

*

「王老師，乩童或通靈講的話，到底是『神』的意思？還是『人』的意思呢？要如何才能夠分辨得出來？」

這句話已經有上千人問過我，且至今仍不斷有人問我同樣的問題。

我的回答是：有真也有假。坦白說，我不敢說全部的乩童或通靈所講的話都是假的，因為我確實見過真正以濟世救人為主要目標的人。相對的，我也遇過假藉神明之意招搖撞騙的人，所以這個問題沒有絕對的答案。因此，我也只能說：有真也有假。

什麼樣的人才會去問神？

一般來說，大多是已經遇到困難，而且自己又不知道怎麼解決，才會想去問神明。再仔細想一想，一帆風順且當下沒遇到困難的人，應該不太會去問神吧！但是，如果目前已有困難了，想要去問神，心中卻又有些質疑，或者害怕會不會被神棍所騙，而且還得擔心問出來的答案，到底是「神意」，還是「人意」，如此猶豫還真令人煎熬！

可是，問題總要解決，那麼又該怎麼辦呢？不用擔心，我們就來擲筊吧！

《神啊！我要怎麼問你問題？》這本書將教導大家在求問神明時應該要怎麼問才正確。問神明的目標是什麼？方向是什麼？合理性又是什麼？我雖不敢說，讀者只要讀了它，就一定很會問神，但是起碼可以學會百分之五十問神的基礎觀念。只要我們自己有一半的基礎觀念，被誤導或受騙的機率自然就會降低許多。

「擲筊」，是一種最傳統問神的方式，也是最沒有人為操控因素存在的方式。所謂人為操控因素，意思就是，「大家不容易去懷疑這個答案到底是不是『人』自己編造出來的」，因為要連續出現三個聖筊的機率實在非常低，「擲筊」的過程一定比較慢，但得到的答案卻是最讓人信服、最可靠、最令人有安全感的。

《神啊！我要怎麼問你問題？》這本書主要是以擲筊的角度書寫，也就是教導大家如何用擲筊問神明問題，並且針對人生五大問題著手：「怎麼問身體的問題」、「怎麼問婚姻的問題」、「怎麼問事業的問題」、「怎麼問考試的問題」、「怎麼問學業的問題」。

在幫人問事的這二十五年經驗當中，經過我的統計跟歸納，有高達百分之九十以上的人都曾經問過、也面臨過這人生的五大問題。不可否認的，人生的問題很多很多，實在無法一一道明，於是，我只好先針對大多數的人都會遇到的情況來說明。

希望藉由《神啊！我要怎麼問你問題？》這本書的問世，可以幫助並指引更多在人生旅途中面臨困境的人們，也希望能導正社會大眾對道教的偏見及負面觀感。

＊

我要感謝與回饋我父母親的生育、養育之恩——尤其是我父親曾對我講過的一句話，那句話一直深深影響著我。

在我留學美國畢業回臺任教時，我父親曾經對我講一句話，他說：「你是念教育的，所以你要對社會大眾有教育愛。大學時期是在學東西，碩士是在學做研究，而博士所學之精髓就是如何問問題。教導面臨困苦之人如何問神明問題，進而解決問題，也是身為一個教育學者的責任。」就是這句話，讓我更有動力完成這本書。

另外，承蒙神明的開導，使我體會到真正宗教之精髓，以及如何問神明問題之宗旨與原則。因此我想藉由文字的敘述，將多年的經驗繼續傳承後代，更希望讓社會大眾了解「渡化眾生，堯天正法，弘揚正信」，而這也正是本書最主要的核心訴求。

王崇禮

潛在教育

如何閱讀這本書

《神啊！我要怎麼問你問題？》可以說是全國第一本教我們怎麼問神明問題的書籍。為什麼在閱讀本書之前，一定要先讀這個章節，而這個章節的重要性又是什麼呢？且聽我一一道來，這個章節有潛在教育的性質，期許把書中無法鉅細靡遺說明的非預期意識、知識價值和規範態度，利用這個章節與本書的內容形成交互作用。

「法無定法」，一定要學會變化

當我們買任何一種產品、器材或者設備回家的時候，除了高興地拿出來鑑賞之外，第一步都會讀它的使用說明書及操作手冊，使自己更加了解這個產品有什麼性能，以及如何正確使用每一種功能，目的是為了讓自己能夠盡快熟悉產品的操控。可是，不管是產品還是器材，畢竟都是一種固定的模式，這些固定的東西不會因為換了另一個使用者，其中的功能就會超過使用說明書和操作手冊裡所涵蓋的範圍。

然而，宗教就不一樣了，它會因人而異、因事而異、因時而異、因地而異、因物而異。這五個「異」在在說明了在宗教裡面，很少有事情是絕對的、固定的、一成不變的。在八萬四千法門當中，到底哪一種法門最需要推崇呢？這沒有一定的答案。為什麼呢？那就是因為這四個字——「法無定法」。

欠點

在五大人生問題的問事方法部分，一開頭都會有一個「事件問法流程圖」，閱讀本書的同時，衷心建議，最好能時常對照此問法流程圖，這樣大家就會有一個比較清楚怎麼問神明的過程與程序概念。

加上搭配本書裡面有整件事情的精彩真實案例、過程解說和圖解，一方面可以讓大家在閱讀的同時，融入事件情境，達到身歷其境、感同身受的效果；一方面更可以幫助讀者了解當時會這麼問的邏輯是什麼。

「欠點」是一個非常重要的觀念，也是本書最強調的重點之一。按經驗，就算把整本書都讀完，我相信還是會有很多人對欠點到底是什麼意思還是有些模糊。因此，為求嚴謹，必須替欠點下一個定義，以方便讀者認知。「欠點」的定義就是「阻礙某件事情，導致無法達成心中期望的一個阻因」。

在本書之中，講到欠點的部分雖然只出現在問身體方面，但特別提醒大家一定要有一個觀念：任何一件事情無法達成心中的期望，都有可能是欠點所造成的。而且，欠點不只本書所寫的五種而已，只是這五種比較常遇到，曾經也遇過來問身體而指示出欠點是食物方面。

有朝一日大家有機會問神明問題時，心裡千萬不可忘記欠點這一個重要因素，以及欠點的定義。這也是本書為什麼除了問身體部分的章節，其餘四個章節的問法流程圖裡，我都會再加上一個欠點的問法程序的原因。

此外，「法無定法」，問法一定要學會變化，不能只照書裡所寫的依樣畫葫蘆，這樣就無法使自己更加精進、更加卓越。

王博士小叮嚀

一定要找出問題所在

「欠點」就是「阻礙某件事情，導致無法達成心中期望的一個阻因」。在向神明請示、問問題的過程中，「欠點」是個非常重要的關鍵——任何一件事情無法達成心中的期望，都有可能是因為欠點造成。

神明若沒有任何指示，一定有其他原因

以擲筊的方式問神明，不同於以乩童或其他靈媒方式傳達神意。因此，我們要有一個認知：神明不會講話，而我們人會講話；神明負責幫我們調查事情，而我們負責問出祂們調查後的結果。

在擲筊的過程中，任何人都一定遇過問很久都無法得到三個聖筊的情況，其實這很常見。如果遇到這種情形，我們心中要有一個想法：神明如果沒有任何指示，一定有其他原因。以另一種角度來看，也就是說：我們所預設的答案跟神明要表達的答案不一樣，所以才會發生這種狀況。此時只要靜下心來，有點耐性，再思考一下還有哪裡是我們沒有想到的部分，相信依此繼續問下去，大部分都能問得出來，畢竟有志者事竟成。

每個人發生的情形、狀況不同，問的事也不同；同樣地，神明的考量更是不同。所以，本書秉持客觀態度，對此並未以一個固定的模式陳述，建議用諮詢的方式最清楚明瞭。

王博士小叮嚀

一直無法得到三個聖筊怎麼辦？

在擲筊的過程中，問很久都無法得到三個聖筊——「神明沒有任何指示」這種情形很常

見，這其實代表「我們所預設的答案跟神明要表達的答案不一樣」。此時，你應該要有耐心地重新思考，換個角度或問題來提問，才有可能得到神明的指示和解答！

解決方法因「人」而異

在本書裡面，除了處理祖先的方法，內行人在處理上大部分都會相似。其餘事件之所以只稍微著墨，原因是大家一定要有一個觀念：查明事情的原委是神明的責任，當神明已經指示問題在哪裡或欠點是什麼的時候，這就表示神明一定有解決的方法等著我們去問。可是，問出來的解決方式又是千變萬化，不可能一模一樣。這個道理就好像有兩個病人罹患同一種症狀，醫生會考量這兩人的體質及各方面的不同，開的用藥跟劑量也隨之有異。

同樣地，在這個地方指示出來的解決方法是這樣，在另一個地方指示出來的解決方法就難保會一模一樣了。為什麼會這樣呢？這是因為神明會依主事之人事件程度的不同，指示出不一樣的解決方法。

總而言之，神明是一樣的，關鍵在於人。換句話說，一件很好的工具如果使用得當，就會產生好的效果；如果使用錯誤，就算這個工具是上等品，最終也會變得害人不淺。因此，解決方法這個部分，也只好用諮詢方式來代替文字敘述了。

有福讓神助，無福讓神誤——莫強求

當我們知道怎樣問神才正確以後，接著就要清楚了解，什麼是請示神明的合理性。這是非常重要的問題，很多人之所以對神產生誤解的心，都是因為不懂這個道理。

曾經有一個朋友要我陪他一起去拜拜。我看他焚香之後跪著擲筊很久，等到他結束起身，我立刻問說：「你是問什麼，不然怎麼問那麼久？」

他回答說：「祈求神明幫忙今年公司可以賺一千萬，也求到三個聖筊喔！」

沒想到，經過一年，這位朋友打電話給我，整個人非常的生氣，一直說神明欺騙他——他生氣訴說對神明的不滿，為什麼當初給他三個聖筊，後來卻都沒有實現，神明怎麼可以騙他呢？

老實說，我也很困惑，後來有一次經過指點，才終於知道：其實，有些事情不是每個人都能求得到的。即使可以求得到財運，也很難每個人都有一樣的額度，因為每個人的「福報」不同，所擁有的額度當然就不一樣。

以神明的立場來看，所做的一切都一定要符合天理，因為人效法地，地效法天，天效法道，而道則效法自然，很難能脫離這個法律範圍，就連神也一樣。因此，當人在祈求一件事情的時候，神明也會考慮這個人的福報問題。人不能違法，神明更不能違法——神明一旦違法，祂的下場會比人違法還要嚴重，因為人還有無知的問題，但神明只有「知法犯法，罪加一等」的問題。

然而，神明是慈悲的，當祂看到我們跪在那邊求那麼久，當然也會有所不忍，可是祂又知道我們沒那個福報，那麼神明該怎麼辦呢？難道讓我們一直跪在那邊嗎？所以，祂也只能這樣了！

話說回來，與其做這種讓神左右為難的事，倒不如我們平日多行善積德。有些事是神想幫也不能幫的，絕大部分要靠我們「自己」。所以，做人還是要記住一個不變的道理，那就是「積善之家慶有餘」——多做點善事吧！

王博士小叮嚀

神並不是「有求必應」，要有福報，須靠自己多努力

不管在道教或佛教，都強調「福報」這兩個字，而「福報」又跟「積德」有關，簡單來說就是「積德是福報的源頭，福報是積德的結果」。「為善不昌，祖宗必有其殃；為惡不殃，祖宗必有其昌。」更是描述了積德與福報間的關係，正所謂天助自助者，多做些善事，多自己求精進，這樣神想幫，也才有得幫啊！

成功問神小祕訣

(1)**找出「欠點」：**即找出阻因、問題點所在。

(2)**法無定法：**情況不同、問題不同，問法不同、解決方案也不同。

(3)**保持耐心、多角度思考：**擲筊是由人提問，由神明以「筊」顯示答案——以三個聖筊表示正確、同意——當你設定的問題、解答，和神明想要表達的意思不符合時，就會出現「得不到三個聖筊」的情形；此時需要冷靜下來思考是否提問的切入點不對、是否有其他關鍵點未想到。

(4)**發現問題點後不要慌，細心問出解決方案：**神明既然指出問題的原因，就有辦法處理；如果沒有辦法處理，神明是不會做任何指示的。

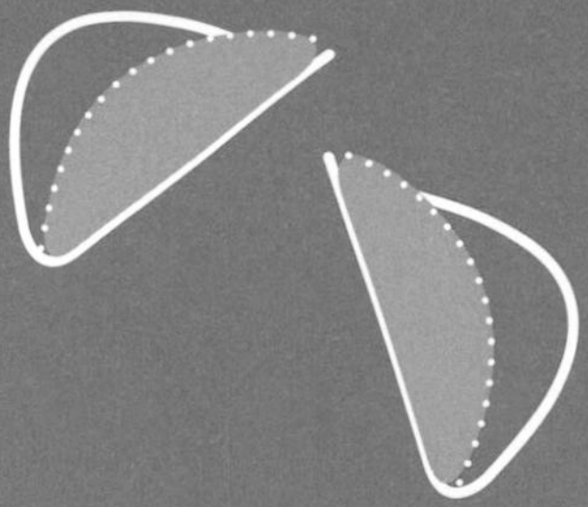

第 1 部

擲筊前你一定要先懂的事

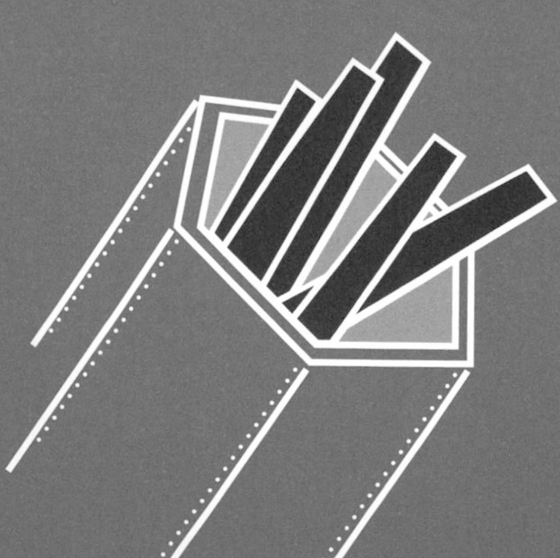

壹

擲筊的意義與觀念

「擲筊」又稱作「擲杯」或「博杯」。擲筊是以前留傳下來的名詞，只是現在的人因應發音關係，把它寫成了擲杯或博杯。至於本書，還是選擇用「擲筊」一詞，因為這個名詞比較正確。

先釐清這個問題——該問神，還是不該問神

例1「你的鴿子無法生蛋，應該去找獸醫或是找這方面的專業人士諮詢才對。」

早上，電話聲忽然響起，是一位先生：「喂，你們那邊有在問事嗎？……什麼？你們是用擲筊的方式問喔？我以前去別的地方，不是以乩童，就是用通靈的方式問。根據我的經驗，有些神明講的答案已經有點不太準了，更何況是用擲筊，問起來會準嗎？」老師回答他說：「試試看吧！準不準確得由你們講才算數，我自己講不算數。」這位先生又問：「那你們那邊是很大間的宮廟嗎？」老師說：「小小一間而已。」

這位打電話來的先生聽到老師的回應，瞬間停了幾秒鐘，然後才在電話那一頭說，以前他問別人同樣的問題，從來沒有人這樣回答他。「今天你這樣說，反而讓我很好奇，下定決心去你們那邊一窺究竟。」

上午通過電話之後，他就從臺中坐高鐵南下，到我們這裡時，差不多是下午四點多，一走進來他就表明自己是早上打電話來的那位先生。

這位先生看起來年紀差不多四十幾歲，走進來時愁容滿面，又很落寞。

老師問他，今天來主要是要問什麼事？他說，自己現階段並沒有一個固定的職業，目前就是以養鴿、賽鴿贏來的獎金為生。

「你們有所不知，我目前已經投入將近三十萬的資本，全心全意在培訓我那些鴿子。之前是有贏一些獎金，後來我就拿這些獎金又去買些更高級品種的鴿子回來，打算要配種生出更加優良的鴿子，再參加一次大型比賽。所以……」他話說到這就突然打住，掙扎猶豫了一陣子，最後才講出心裡真正想問的問題。

他說：「我花了快三十萬買進這批優良品種的鴿子，但是這些鴿子竟然一直到現在都還無法下蛋，我一直很擔憂會血本無歸。

所以今天來主要是想問神明，我的鴿子是不是有問題，不然怎麼都生不出蛋來？又或者，要如何才能讓鴿子生出蛋來？」

明白了這位先生想要問的問題之後，大家面面相覷了一下。

於是，老師很認真地跟他說：「你要問的這個問題，其實不應該來問神。你的鴿子無法生蛋，應該去找獸醫或是找這方面的專業人士諮詢才對。問神明一定要先分清楚什麼事該問、什麼事不該問；如果分不清楚，什麼事都問，就會變得很沒有判斷能力、沒有主張，更會讓人覺得道教是一種很迷信的宗教。

而且，當一個人失去了判斷能力，當下又有所求，別人叫你怎麼做，也許你就跟著怎麼做，會受騙上當往往就是這樣來的。」聽完解釋之後，這位先生顯得有點不好意思，但內心多少也能領悟其中的道理。

最後，老師當然沒有幫他問，因為這件事根本就不該問神。一般人不太了解這個癥結，再加上心裡所關心的事遲遲無法達成，才會第一個念頭就是想要去問神。然而重點是，這種問題不應該來問神，事實上神明也不太會回答我們。

因此，我們要知道，擲筊的一個重要觀念就是：當我們遇到問題無法做自我判斷時，這個問題才需要問神明。舉例來說，當我們人生走到雙岔路，而不知道該往東還是往西時，這種時候問神就是可以的；如果一開始自己就不做任何決定，卻要問神明該不該走，這樣反而本末倒置。

這位先生點點頭後說：「原來是這樣。」不過，他還有一個問題不太了解。「為什麼有些地方是以乩童或者通靈的方式在幫信徒問事情，而這裡主要是以擲筊的方式在幫信徒解惑，有什麼差別嗎？意義有不同嗎？是真、是假，要怎麼看？」

老師一聽到他問的問題，便笑著回答說：「你問了一個非常好的問題。並且，從你問的這個問題可以看出來，其實你對宗教也有自己的看法與想法，對吧？」只見這位先生微笑地表示贊同。

王博士小叮嚀

會來問神明的人通常都是些什麼人？

一帆風順且平安無事的人，通常不太會來問神明。在人生當中，已經遇到問題或有困難的人，才會來問神。碰到困難而求助神明者得謹慎小心，才不會被不肖的有心人士盯上而受騙上當。

到底是神意？還是人意？

老師表示，很多信徒都問過相同的問題。用哪一種方式問會比較好？或者比較準確？

其實這並沒有一個標準答案，但有一個重點我們必須知道——那就是在幫我們問事及解釋神明意思的那個「人」才是最重要的。這個人如果功力深且正派，那麼他就能把神明的意思真正傳達給我們。相對的，這個人若不正派，對事情又一知半解，我們就得再三思考他解釋出來的答案，是不是神真正所要表達的意思。而這就是老一輩的人所強調的「也要神，也要人」❶。換句話說，如果這些正確問神明的觀念都懂了，家中也有神明，當然可以自己在家裡問。

「至於剛剛你問：乩童或通靈所講出來的答案，到底是真的？還是假的？究竟是人的意思？還是神的意思？這個問題至今已經有上千人問過我了，但我始終只有一個答案：有真也有假。我不能一概否認說全都是假的，因為我的確看過正派的人配合神明濟世救人；同樣地，我也看過不少假藉神明之義騙財騙色者。因此，這個問題沒有絕對的答案，我只能做客觀上的回答：有真也有假。

不過，除非對道教有一定程度的了解，否則一般人很難分辨得出來『附身』所講出來的答案到底是『神意』還是『人意』。一般人可以分辨出來的，大概就只剩下他們所講出來的答案，你認不認同而已。

話又說回來，僅僅用認不認同的角度來判斷『神意』或『人意』，還是不夠客觀，畢竟『忠言逆耳』在所難免。如此一來，我們真正遇到問題時又要怎麼辦呢？又該如何問呢？甭緊張，就擲筊吧！」

聽完這一席話，這位先生有感而發地說：「過去一直以來，我對擲筊的方式始終沒有多大的信心，甚至認為乩童或是通靈比擲筊還要準確，看來今天這種觀念要改變了。」

老師笑著對他說：「『擲筊』，是一種最傳統的問神方式，比較沒有人為操控的因素存在。所謂人為操控因素的意思就是──大家不易去懷疑這個答案到底是不是『人』自己講的，因為要連續出現三個聖筊的機率非常低。

這就是為什麼我們這裡的問事原則，首先都是用擲筊的方式幫信徒問事、解決事情；在這問神明的過程當中，是真，是假，正派或不正派，一目瞭然，絕對沒有模糊的地帶。」

這位先生聽完點頭如搗蒜，「我非常認同你們這裡的作法。不可否認的，『擲筊』過程一定比較慢，但得到的答案卻最讓人信服、最可靠，也比較有安全感。我今天遠從臺中來，真是沒有白跑一趟！

雖然我的事情並不適合問神明，但我不僅學習到並非所有的事情都適合問神明，也學到在擲筊時，首先必須要有耐心；接下來就是要學會思考，這樣才不會使自己在擲筊時，腦袋一片空白，跪在神明面前而不知所云。」

1 「也要神，也要人」的「人」指的是，問事者和神明之間的中間者，而後文提到的「神五分，人五分」的「人」，指的可能是問事者，也可能是「幫忙問事的人」。

王博士小叮嚀

慎選傳達神意的人

乩童、通靈、擲筊……不管你選擇以什麼方式與神對話，在問事過程中，協助我們問問題並幫忙解釋神意的那個「人」才是最重要的，記得要選擇正派且對此專業有深入研究的人。一個好的神職人員必須傳達正確的宗教觀念，舉例來說，若信徒身體不適，卻沒有先去看醫生，反而先問神，最好應加以勸導。另外，配合神明在幫人處理事情者，絕不可以加油添醋、自做主張，凡事配合神明指示進行，才不會耽誤大事。

例2 「老太太，牙齒痛就要去看醫生，這種事情不用問神明啦！」

那是某個冬天的夜晚，來問事的信徒非常多，大約有四十多來個。其中有兩個人，是一位年輕人帶著一位老太太來的。

老太太面無表情，手又一直摸著臉頰，可以很明顯地感覺到她身體好像十分不舒服，這應該就是她今天跑這一趟的主要原因吧？

終於輪到老太太問事了，老師先是詢問老太太身旁的年輕人說：「這位是你奶奶嗎？」

他回答是，接著對老師說：「老師，你可不可以幫幫我奶奶？」

這位年輕人表示，他奶奶身體一直不舒服，自從去一間宮廟問事回來後就變得怪怪的，什麼事也不跟家人說，大家也都拿她沒辦法，「所以就有人介紹我們來找你們，拜託請幫幫我奶奶。」

老師安撫他說：「你先不用擔心，解鈴還須繫鈴人，我先問你奶奶一下，總是要先釐清根本問題是什麼。」

老師問老太太：「妳好像身體很不舒服的樣子，身體怎麼了？還好嗎？」一問之下，她才說自己的牙齒已經痛很久了。之所以什麼都沒說，是因為牙齒剛開始痛的時候，她確實有去其他地方問過，有人跟她說這牙痛是自己本身的業障，因前世的冤親債主在討債。

聽完之後，老師大致上了解老太太的情況了。沒想到老太太忽然問：「我可以問神明我現在到底能不能去看醫生了嗎？那如果還不能去看醫生的話，又該怎麼辦？」

老師回答她說：「老太太，牙齒痛就要去看醫生，這種事不用問神明啦！」

「可是別人說這是我的業障、冤親債主。」老太太回答道。

於是，老師跟老太太解釋說：「如果每一件事都牽扯到業障、冤親債主，那不就所有的事都沒辦法解決了？別人怎樣說我不會去批評，我只能告訴妳，我們這裡會怎麼做。牙齒已經這麼痛了，難道還要繼續痛下去嗎？有沒有冤親債主、有沒有業障，現在先不用談，重點是先把牙齒治好再說，好嗎？」

老太太還是不放心的又問：「真的不用問神就可以去看醫生嗎？」

「不用啦！」老師堅決地回答，「不是每件事都要問神，若都問神，我們不就完全喪失思考能力了？要是遇到不正派的人就很容易被騙——宗教可以幫人，也可以誤人。像老太太妳現在牙齒痛到這種地步，還要問神明可不可以看醫生，假如有個三長兩短，豈不是被宗教所誤——這就是迷信了。宗教應該要有信而不迷的正確觀念，如果是正神的話，一定會叫妳先去看醫生。至於別人講的那些冤親債主、業障，也許有，也或許沒有，但不管有沒有，跟現在可不可以去看醫生沒有直接關係。我建議妳還是趕快去看醫生吧！」

我們問神，可以有很多種方式，當然擲筊也是其中的一種。但是，不管是用什麼方法問神，有一個原則一定要堅持把握住：要問神明之前，一定要先釐清什麼事該問神、什麼事不該問神。

最後這位老奶奶也聽從了勸告，馬上去看醫生。看完醫生的兩天後，她還自己騎腳踏車，心情愉悅地來宮裡聊天。

平心而論，現今社會對道教有蠻多負面的觀感，原因眾多，其中之一就是不該問的問題也問神明，導致亂問一通，這樣會讓人覺得很迷信。像上述的兩個案例就是一個很好的教材，教我們問神明要有一個原則，千萬不能自誤然後又被神誤。假設問出來的結果沒應驗，回過頭來罵神明不靈，祂們又不會說話，也不會為自己辯解，想一想，其實神明也蠻無辜的，不是嗎？因此，身為一個神職人員，如果信徒發生諸如身體方面不舒服的現象，不先去看醫生反而跑來問神，這時應該要加以勸導才對。

王博士小叮嚀

什麼問題才需要問神？

當我們無法做自我判斷時。例如，人生走到十字路口，不知道該往哪個方向，這個問題才需要問神明。千萬不要什麼事都問，否則容易喪失自己的判斷力和主張，容易被人牽著走。尤其是在心亂如麻及六神無主的時候，如果又不幸遇到神棍，那被騙的機會就會很高。

擲筊前，心中要設計好問題——先有選擇目標

有一天傍晚五點多，有一位年紀大約三十出頭的年輕人來到宮裡。他一進來就說自己是

看報紙來的，可以問事嗎？工作人員回答當然可以。他又繼續問這裡是用什麼方式幫忙問事情？工作人員於是跟他說明宮裡問神的方式與原則，是先用擲筊的方式幫信徒問事情。這位年輕人驚訝地問怎麼不是用乩童？工作人員向他解釋，宮裡也有乩童，但要神明指示需要藉由乩童辦事時，才會安排乩童來，不然一律都是先用擲筊的方式幫信徒問事情跟處理事情。

「那要怎麼問？我自己不會問怎麼辦？」年輕人很不放心地問。

「不用煩惱，我們會幫你問，你只需負責擲筊。因為我們這裡是公開、站在你的立場幫你問神明，所以不用擔心。等一下你就先點香跟神說明你的姓名、出生年月日、住址，以及今天來這裡想要問的種種事情和問題，點完香之後先稍坐一下，讓神明查一查，等會兒再幫你問。」

過了大概二十分鐘，這位年輕人跪了下來，同時手裡拿著筊。

緊接著，老師問他說：「你單子上面寫的是問事業，是你目前的事業遇到什麼問題嗎？」年輕人欲言又止，老師知道他在擔心什麼，安撫說：「你不用擔心，我是站在你的立場幫你問。

答案不是我說了算，也不是你說了算，得經過連續三個聖筊確認才算數。不可否認的，有些人確實會隨著你的話順藤摸瓜，但我們這裡是用擲筊的方式，不可能隨著你的話下去延伸，所以完全是『神意』，而不是『人意』。」

經過老師的解說，年輕人點點頭，放心地說：「嗯，有道理。」

老師繼續問他說：「你要問事業的哪個方面？」

他回答說：「我想問哪一種工作比較適合我。」

老師接著問：「那你現在有什麼目標嗎？」

「沒有。」年輕人回答。

「這樣我要怎麼問哪個工作比較適合你？你自己如果沒有目標，神明要如何回答你的問題呢？」

年輕人一臉狐疑的看著老師說：「那要怎麼問才對？」

王博士小叮嚀

最正確且最準的問法——先設定目標選項

記得「神五分、人五分」，對於宗教信仰不可以有依賴心！在問事時，記得要先在心中設好幾個目標與選項，再來問神這些選項好不好、對不對、是不是最好的選擇等等。如果完全無目標就問，不但神明不知道要如何回答，你也可能問出離譜又不正確的答案。

老師繼續解釋道：「你這樣不是正確的問神觀念。拜神不能有依賴心，我們自己的心裡應該要先有一個目標與方向，可是大多數的人會認為就是因為心中沒有目標與方向，所以才會來問神明。這個觀念不能說它錯了，但也絕非完全正確。」

年輕人又問說：「那怎樣才是正確的觀念呢？」

「正確的問法應該是我們心中先設計好幾個問題，然後再根據我們所設計的這些問題來向神明提問，接下來，『是與不是』或者『好與不好』，神自然就會回答我們了。以你的例子而言，應該先找幾個自己有興趣或喜歡的工作，只是不知道哪一個對未來會比較有前途。這個時候來問神，求神明幫我們選一個，這才是正確的，同時也是最準確的問法。相對來說，如果你心中一開始就沒有任何選項，直接問神目標是什麼，這樣的宗教信仰就是有依賴心，是不對的。

再具體一點的說，如果心中都還沒有設計出問題來，也就是還沒有任何的選擇目標，就先不要問神，因為神明也不知道要如何回答你。如果硬是要問下去，會導致愈問愈離譜，問出來的結果也就極可能是不正確的。我們如果真的按照這條不正確的路走下去，後果將不堪設想。」

聽到這裡，年輕人一臉恍然大悟。「原來如此，我懂了。那我現在有三個選擇：一是考公務人員、二是考臺積電、三是再繼續深造念書——這三種是我目前的生涯規劃。」

「好，既然你已經列出三種方案，下一步我就教你怎麼問。」

兩個聖筊變三個聖筊——先了解兩個聖筊是什麼意義

接著，老師對年輕人說：「你要記住，問神明的開頭語非常重要，因為對神明必須講出道理來。一旦你理解並學會這個觀念，將來不管到哪個地方問，程序方面都會比較清楚。」

「好。」年輕人回答。

於是，老師教導他說：「首先，開頭語你對神明說：『今天弟子為了事業的問題來請示眾神，詳細情形弟子也會一一跟祢們稟明。目前弟子列出三個自己比較有興趣的方案，但不知哪一個方案對弟子的未來比較有前途、有希望，所以誠心祈求眾神幫忙詳細查明一下，指示弟子一條明路。』說完之後，再針對這三個方案逐步地問下去。問完後，才能再進入下一個階段的問法。」

按照老師所教的程序一連串問完之後，除了第二個方案——考臺積電得到兩個筊數，其餘兩個——考公務人員與繼續念書深造，神明都沒給任何答案。

老師跟年輕人解釋說：「不管得到一個筊數，還是沒有得到任何筊數，都不是神明要給你的答案。只有第二個方案得到兩個筊數，它的意思是答案快接近了：百分之八十的重點已經問到，但還有百分之二十的話沒有講得很清楚，所以神明才沒有給你完整的三個筊數。因此，接下來必須再針對第二個方案講完整一點，也許就會得到三個筊數了。

你接著問：『是不是考臺積電比較適合，可是依照神明調查，現在的情形是在錄取邊緣，一定要更加用心準備，這樣才有機會考上。』」

他按照老師所教，這次果然得到三個筊數。

一得到三個聖筊，年輕人直呼不可思議。他說之前去其他廟擲筊，得到一個聖筊就算數了，來這裡要連續三個聖筊才算，真的很嚴格。「以前擲下去沒有得到任何筊數時，我常會腦袋一片空白，不知道該怎麼再問下去。我今天還學到，兩個筊數的意思就是百分之八十的重點已經掌握到了，接下來只要把其餘那百分之二十的重點再敘述完整，就可以得到三個筊數。」

這時候，老師進一步跟他說：「如同我之前講過的，我不只幫人問事，還教一些信徒或社會大眾對宗教信而不迷的正確觀念，以及怎麼問神明問題。如果你對這裡擲筊的結果有任何質疑，想再到其他的廟擲筊核對，所得的結果也會一模一樣。正派的宗教是經得起考驗的，不是嗎？具體一點來說，我看過很多人被宗教騙財、騙色，心裡非常難過。這些被騙的人大多數對宗教不是很了解，遇到問題再加上欠缺這方面的認識，導致人家說什麼，就照做，事後發現被騙時，已付出很大的代價。因此，當你開始質疑這些話到底是『人意』還是『神意』，或者遇到問題而徬徨無助，不知道該怎麼辦時，不用害怕，試試擲筊吧！只是，一定要記住一個重點，任何一個答案都一定要得到三個筊數才算正確。除了科學機率的嚴謹度之外，三個筊數也相對代表著天、地、人三合，就某種意義而言，象徵著這個答案是依照天理、地理、人理三個角度所指示出來的答案。」

兩個月後的一個晚上，這位年輕人提著一籃水果來拜拜，並很開心地說他已經順利考上臺積電，今天特地帶水果來答謝神明。大家一聽到這個消息，都為他感到十分高興。

大家彼此稍微聊了一下，夜色漸深，年輕人要離開前說：「來這裡問神明的過程與方式，讓我對宗教——尤其是道教——重新拾獲信心，甚至還在當中學會怎麼問神明問題，這真是一生中相當難得的一門課程，實在很謝謝你們。我相信在這個社會上一定還有很多像我一樣遇到困境的人，甚至有更多比我還痛苦的人正躲在角落裡哭泣。如果這輩子有機緣遇到這些人，我一定會帶他們來這裡請你們幫忙。」

聽完這位年輕人有感而發的話，令人很感動。「你發這個願，可以證明你也是一個很慈悲的人，你的想法很令人敬佩，加油。」

問神不敗圖解案例

狀況：想知道哪種工作比較適合自己
→不可毫無目標的來問神，應自己思考幾個可能領域，再來請示神明

↓ 釐清問題

經認真思考後選出三個有興趣的選項：
(1)考公務人員 (2)考臺積電 (3)出國深造

↓

考公務員和出國深造皆沒有聖筊，只有考臺積電得到兩個聖筊→神明想表達的重點在此

↓

朝「臺積電」的選項深入追究時，證實選臺積電確實是最適合的，但前提是：目前在錄取邊緣，一定要更用心準備，才能如願考上

↓

順利考上臺積電後，回宮裡感謝神明

問事心法 1
勿為了求快，得到一個聖筊便認定那是答案。一定要連續三個聖筊才謹慎、正確

問事心法 2
得到兩個聖筊時，代表答案已經接近百分之八十，要繼續朝這個方向問出剩下的百分之二十

導致失敗的問事地雷

完全依賴神明只會讓問題更複雜

很多人毫無方向時，便會希望神明給予指引，但毫無想法的只想依賴神明，卻往往會愈問愈糟。求助神明不可以有依賴心，分析自己的興趣和可能道路，是問事前最根本的原則。

成功擲筊小祕訣

(1)如果要到宮廟問事，站在神明與當事人中間那位問事者的功力和為人，扮演著非常重要的角色。

(2)先確定你的問題該不該問神明：真的無法自行判斷的問題才問，或者可諮詢問事者這個問題該如何問。

(3)擲筊之前，心中要先有幾個選項和目標，再來問神何者為佳。

(4)清楚描述你的問題：要讓神明聽懂要問的問題，如果問題問得很模糊，神會不知道要如何回答。

(5)筊數代表的意義：①沒有筊數＝不是答案；②一個聖筊＝不是答案；③二個聖筊＝已經問到80％的重點，再努力將問題敘述得更完整，才能得出最後的答案；④三個聖筊＝正解。

擲筊問神的正確流程

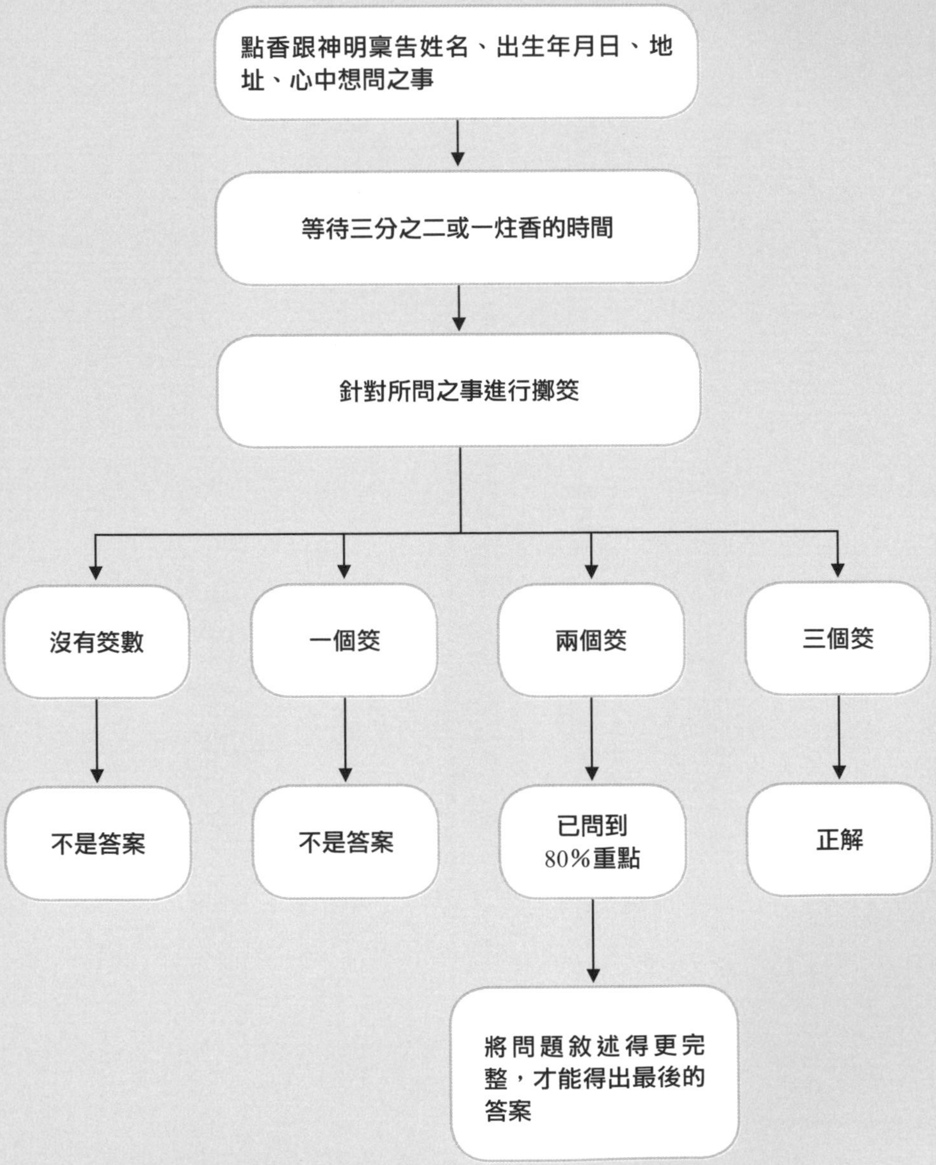
點香跟神明稟告姓名、出生年月日、地址、心中想問之事
等待三分之二或一炷香的時間
針對所問之事進行擲筊
沒有筊數
一個筊
兩個筊
三個筊
不是答案
不是答案
已問到80%重點
正解
將問題敘述得更完整，才能得出最後的答案

關於籤詩

用擲筊的方式問神明，多半會用到籤詩，所以在這裡將籤詩的知識一併寫上。

籤詩是用來補充擲筊時神明無法表達的話

籤詩的意義就是：神明有很多話要說，用擲筊的方式無法把神明的意思百分之百傳達下來，所以藉由籤詩來跟我們解釋。

解讀籤詩的時候，最主要看兩個地方：

第一是看籤詩裡面的詩句。

第二是看該張籤詩的歷史記載——籤詩解得準不準確，籤詩的詩句跟歷史記載扮演著非常重要的角色。

曾經有一位約五十歲的中年人來到宮裡問事業。詳細情形是這樣的：

這位先生準備要開一間餐廳，但心裡總是擔心做不做得成功，如果不成功，怕會損失不少錢。為了慎重起見，他前來請示神明。神明起初一直沒有給這位先生任何指示，好與不好都沒有得到任何筊數。最後神明才指示，關於這件事情祂有很多話要講，要賜籤詩跟這位弟子詳細說明——問到此才得到三個聖筊。

神明賜了一張籤詩，詩句這樣寫：「（乙酉）靈雞漸漸見分明，凡事且看子丑寅。雲開月出照天下，郎君即便見太平。」歷史記載是：「大鵬鳥亂宋朝」。

籤詩一出來，老師便為這位先生解籤詩，「這位先生，你今天來主要是問開餐廳這件事好不好，但神明賜給你這一張籤詩並不是說你開餐廳好不好，而是要告訴你如果在這個時機開餐廳，可能不會獲利，而且餐廳內部一些業務跟人事管理也會有點混亂——『時機』不對。你後來再追問如果要開的話，時機要在什麼時候最好？大約會在今年的十一、十二月到明年的一月這段期間之後，因為按照神明出的這張籤詩來看，你的事業要過了這段時間才會順利。」

他接著再問：「老師你是怎麼看出來的？」

老師於是教導他說：「籤詩最主要看兩個部分：第一是籤詩的詩句，第二是歷史記載。你抽的這張籤詩有一句詩句是『凡事且看子丑寅』，所代表的月令就是農曆的十一、十二月到明年的一月[1]。

再加上這張籤詩的歷史記載是大鵬鳥亂宋朝——這個典故是這樣的，相傳大鵬鳥在以前是一隻非常凶猛的鳥，連黑龍江裡一隻黑龍的眼睛都被牠啄瞎。

在那個時期，人心非常不安定，也非常惶恐，觀音佛祖看這樣下去實在不行，就施展神通收伏這隻大鵬鳥，並且用一個金屬環套在牠的嘴巴上，從此，這隻大鵬鳥就跟在觀音佛祖身邊修行。

接著，我們再做更深入一點的解釋，大鵬鳥其實就是造成你餐廳業務跟人事管理上混亂的主因。

其實籤詩詩句跟歷史記載的典故應該運用在要問的事情上，就如同紫微斗數的每顆星，在封神榜裡的人物都代表著一顆星：比干代表的是太陽星，伯邑考代表的是紫微星，紂王代表的是破軍星，每個人物都有其獨特的個性跟特質，因此，用對照人物的方法比較方便記憶跟理解。

話又說回來，不管是紫微斗數還是解籤詩，判讀跟解讀最重要，因為其中含有相生相剋、凶中有吉、吉中有凶等特性。法沒有絕對不變的，《易經》也是這個道理。解讀是非常奧妙的，所以有不了解或有疑惑之處，最好諮詢一下專業人士比較不會有誤差。」

以這個例子而言，這位先生剛開始是要問神明開餐廳好或不好，但抽出的籤詩並不是要告訴他開餐廳好不好，而是神明查到在好與不好這兩個答案以外，還有第三甚至第四個答案

1 地支紀月的情形如後：一月是寅月，二月是卯月，三月是辰月，四月是巳月，五月是午月，六月是未月，七月是申月，八月是酉月，九月是戌月，十月是亥月，十一月是子月，十二月是丑月。

問神不敗圖解案例

狀況：想要開餐廳，但是不知道能不能夠成功
→問題明確，可請神明幫忙調查分析

↓ **釐清問題**

問開餐廳「好」或「不好」：多次擲筊後，神明卻沒有針對這兩者做出指示

問事心法1
此時心中應有所警覺，可能神明有選項之外的話要說明

↓

轉換思考方向，詢問神明是否賜籤詩另外說明→三個聖筊，代表神明將賜籤詩

↓

籤詩指出，開餐廳不是好或是不好的問題，而是當中的時間點和人事問題才是影響成功與否的真正關鍵

問事心法2
心思要靈活變化，而不是只執著於「是」或「不是」，才能留意到神明更深奧的指引

導致失敗的問事地雷

勿過度執著於問出原本的答案

有時候，我們抱著「是」或「不是」的疑問去求助神明，卻始終得不到答案，此時要懂得靈活變化，神明想要提醒我們的，可能遠比「是」或「不是」還來得複雜，也代表這才是影響成敗的關鍵因素。

要告訴他，而這第三跟第四個答案是用擲筊無法問出來的，所以神明才會用籤詩的方式更詳細地指示。

因此，籤詩的意義代表著神明有很多話要講，而這些話無法用擲筊的方式問得很透徹。從另一個角度思考，神明賜籤詩的意義，不是回答我們單純想問的好與不好、要與不要而已，而是回答我們在好與不好、要與不要的背後，那些被隱藏我們所看不到的問題。

抽籤詩的注意事項——君子問凶不問吉

我看過很多人抽到「看似」不好的籤詩就很擔心，然後就想重新抽，直到抽到好籤為止。其實這是一個很不好的觀念。為什麼呢？因為這非但無法解決問題，甚至還會使問題更加嚴重。

曾經有一位小姐來宮裡詢問個人感情上的一些問題。敘述完之後，她便從皮包裡拿出一張前幾天在別間廟裡抽的籤詩，說不了解這張籤詩的內容含意，要諮詢老師的意見。

老師看了看這位小姐的籤詩，只跟她講了一句話：「根據我的經驗，這張籤詩不只一張而已，應該還有下文。」

她很驚訝地說：「你怎麼知道？」

老師笑著解釋道：「我解籤詩解三十幾年，神明賜的籤詩不會有頭無尾、文不對題，更不會只有上文而沒有下文。因為妳的情形跟這張籤詩完全不符合，所以我判斷這張籤詩應該還有下文，不是妳不知道怎麼抽，不然就是還有其他原因。」

在仔細了解之後，這位小姐終於說了：「確實有兩張籤詩，但因為其中一張籤詩好像不好，我覺得很害怕，就把那一張籤詩丟掉，保留這一張。」

聽完她的敘述，老師特別提醒說：「妳的觀念不太對。這樣的問神方式好像只是在尋求安慰，並非想真正了解與解決問題。如此的問法，根本問題永遠也無法解決！

我們問神應該要『君子問凶不問吉』：問到好的方面，不用太高興，太高興有時會樂極生悲，或產生依賴心——想說神明都說很好了，自己應該不用努力，也不需要用功了；如果問到不好的方面，也不用太煩惱，任何問題都有解決之道——也就是『有法便有破』。如果神明指示出有不好的情形，祂就一定有解決之道在等著我們進一步詢問，所以不用太擔心。」

這位小姐聽老師這麼講解，心情變得比較輕鬆，笑著對老師說：「原來抽到不好的籤詩不用害怕，因為神明自然有解決之道。老師，我現在想了解我抽的籤詩到底是對還是不對？是否可以請你們教我如何抽籤詩？」

老師於是跟這位小姐說明道：「教妳怎麼抽籤詩當然沒有問題，但重點不是學會抽籤詩的程序而已；抽完籤詩之後，知道如何解釋與判斷才是最重要的。

即使抽對籤詩，但如果解讀錯誤，結果還是等於零。所以妳有不懂或有疑問的地方，一定要問，才不會耽誤事情。」

她回答好。

「既然這樣，那我就幫妳問問看。」

王博士小叮嚀

不要害怕甚至逃避不好的籤詩

抽到不好的籤詩，就一直重抽直到抽到好籤為止，或是逃避不想去面對，都是錯誤的問神態度。抽到好籤要小心別因此就有恃無恐而不做任何努力；抽到壞籤應該進一步請示神明解決之道，不用太擔心，也不要視而不見。

如何抽籤詩——要先問神明是否賜籤詩

籤詩不是我們想要抽就自己拿來抽，一定要先請示神明是否要賜籤詩，如果神明答應賜籤，才可以開始抽。我看大多數人抽籤詩的方式都是錯誤的，一開始的程序就錯了，接下來也將是一連串的錯誤。

把這些錯誤加起來，最終抽出來的籤詩就是——不準。

「首先還是依照往常的程序，先點香跟神明稟告妳的姓名、出生年月日、住址，以及妳心中所要問的事情。結束以後留時間讓神明查一下，等等我們再幫妳問。」

過了大約三十分鐘後，老師先教這位小姐，問神明一定要講出道理來，「也就是一定要讓神明聽得懂在問什麼，如果神明聽不懂妳要問的問題，或者妳講得很模糊，祂會不知道如何回答。神明若不知道如何回答，我們問出來的答案就有可能會失真。」

經老師幫這位小姐詢問神明之後，神明立即給了三個聖筊，答應要賜籤詩給她。這時老師特別說明：

一定要神明答應賜籤詩後，才可以開始抽籤；相反的，如果神明沒有答應要賜籤詩，就貿然去抽，結果一定不會準確。

接下來就開始進行抽籤程序：

①首先抽出第一支籤。假設抽到了甲子籤，就要問神明：「是不是甲子這支籤，如果沒錯的話，請給信女三個聖筊。」**一個聖筊或兩個聖筊都不算，切記一定要連續三個聖筊才算。**

②如果不是甲子籤，那就要把甲子籤先放在旁邊，**不可以再放回籤筒，以免重複抽到**。接下來再抽第二支籤，假設是乙丑籤，程序也一樣，必須有三個聖筊才算數。

③若乙丑籤得到了三個聖筊，那就表示**第一支籤詩已經出現**。**這時候要繼續問神明，有沒有需要再賜第二支籤詩**，假如有的話，請給信女一個聖筊（這時一個聖筊就可以了，不用擲到三個聖筊）。如果得到一個聖筊，那就要再抽第二支籤，**記得把那些沒有三個聖筊的籤重新放進籤筒裡**。如果沒有擲出一個聖筊，就表示神明只給妳一支籤詩。

要記住，神明不一定只給一支籤詩，有時會給好幾支籤詩。所以，得到三個聖筊的籤詩以後，一定得再問是否要賜第二支、第三支或第四支籤詩。具體一點，**要問是不是這張籤詩，一定要連續三個聖筊；問要不要再賜第二張或更多籤詩，只要一個聖筊就可以**。

④**所有的籤詩抽完後，一定要按順序排列好**。因為神明所賜的籤詩都有順序性跟階段性；也就是說，籤詩裡會暗示過去、現在和未來，所以不可以把順序顛倒排列，否則容易造成解讀及判讀上的錯誤，例如發生把未來解釋成過去、把現在解釋成未來、把過去解釋成現在等情形。

這位小姐進行完整個抽籤詩的程序之後，用一副很不可思議的表情說：「原來抽籤詩要這麼抽才對。來這裡之前，我原本以為直接抽抽籤詩就可以了，根本用不著先問過神明，甚至認為只要能擲出一個聖筊就算數了。到這裡後才發現，原來先前抽籤的過程根本就是錯誤的。難怪之前抽完籤，我心中就一直想不透，怎麼籤詩上的內容跟我實際遇到的情形差那麼多，原來是我自己做錯了。如果是這樣，就不能怪神明不靈驗，得怪自己沒有好好的學習這方面的知識。」

老師聽完這位小姐有感而發的敘述後，笑著問她：「妳今天應該有學到很多事，也可以看出在我們這裡問事是非常嚴謹的。妳是否能把今天來這裡所學到的再歸納一下？我得確定妳學到的是不是正確的。」

這位小姐於是跟老師說：

①首先要讓神明聽懂我要問的問題，若問得太模糊，神會不知道要如何回答。

②要先問神明是否要賜籤詩，不可自己貿然去抽。

③每一張籤詩一定要擲到三個筊數。

④抽過的籤記得放旁邊，不可放入籤筒。得到第一支籤詩後，繼續問是否要再賜第二支或第三支籤詩，這種情形只要一個筊數就可以。因為神明要講的話不知道有多少，不可自以為是要抽幾支，愈多籤詩，代表神有愈多話要講。如果有，則要把剛剛那些沒有擲出三個聖筊的籤重新放回籤筒重抽。如果沒有，則停止抽籤。

⑤籤詩的順序要排列好，因為神明說的話有順序性跟階段性，這幾張籤詩包含著我的過去、現在及未來要怎麼做。所以順序要排列好，才不會造成解讀錯誤。

⑥解讀籤詩是非常重要的，如果解讀錯誤，即使籤詩抽對了也還是等於零。若有不了解之處，要詢問專業人士。

聽完這位小姐歸納今天所學，老師笑著對她說：「很好，妳學得很快，蠻有慧根的，這樣以後妳就知道如何抽籤詩了❷。」

❷至於這位小姐抽幾支籤詩、籤詩內容及解法等，則不是此章節的重點。

正確抽籤詩的步驟

(1)點香跟神明稟告你的姓名、出生年月日、住址，以及心中所要問的事情，記得要清楚描述問題，並設定幾個選項。

(2)等待三分之二炷香或一炷香的時間，讓神明徹底查一下問題的原委。

(3)一定要先問過神明是否賜籤才抽，否則容易不準：問「這個問題是否要賜籤回答」，若神明以三個筊回覆，才能抽籤詩。

(4)抽完第一支籤後，要向神明確認是否是這支籤（一個筊或兩個筊都不算，一定要連續三個筊才算）。

是↓表示第一支籤已出現，但是必須再追問是否有第二支籤、第三支籤、第四支籤……以此類推。

問是否有第二、三、四……支籤詩時，只要一個筊就可以成立。若有，則繼續抽（此時須把剛剛那些沒有擲出三個筊的籤重新放回籤筒重抽）；若無，就停止抽籤。記住，每支籤都要確認是否是該支籤（連續三個筊才算數）。

否↓請將第一支籤放到一旁（勿投入籤筒以免重複抽到），抽第二支籤，再問是不是這支籤，直到擲出三個筊。

確認是否是該支籤時，一定要連續擲出三個筊才算。

(5)抽完的籤詩一定要照順序排列，以免解讀錯誤——神明賜的籤詩是有順序性、階段性、時間性的。

(6)解籤詩：每張籤詩一定都會有詩句和該籤詩的歷史記載（例如：大鵬鳥亂宋朝），如果有疑惑和不解之處，最好諮詢專業人士，因為其中的典故和意涵往往非常奧妙，隨意解讀恐怕會得不到正確答案。

正確抽籤詩的正確流程

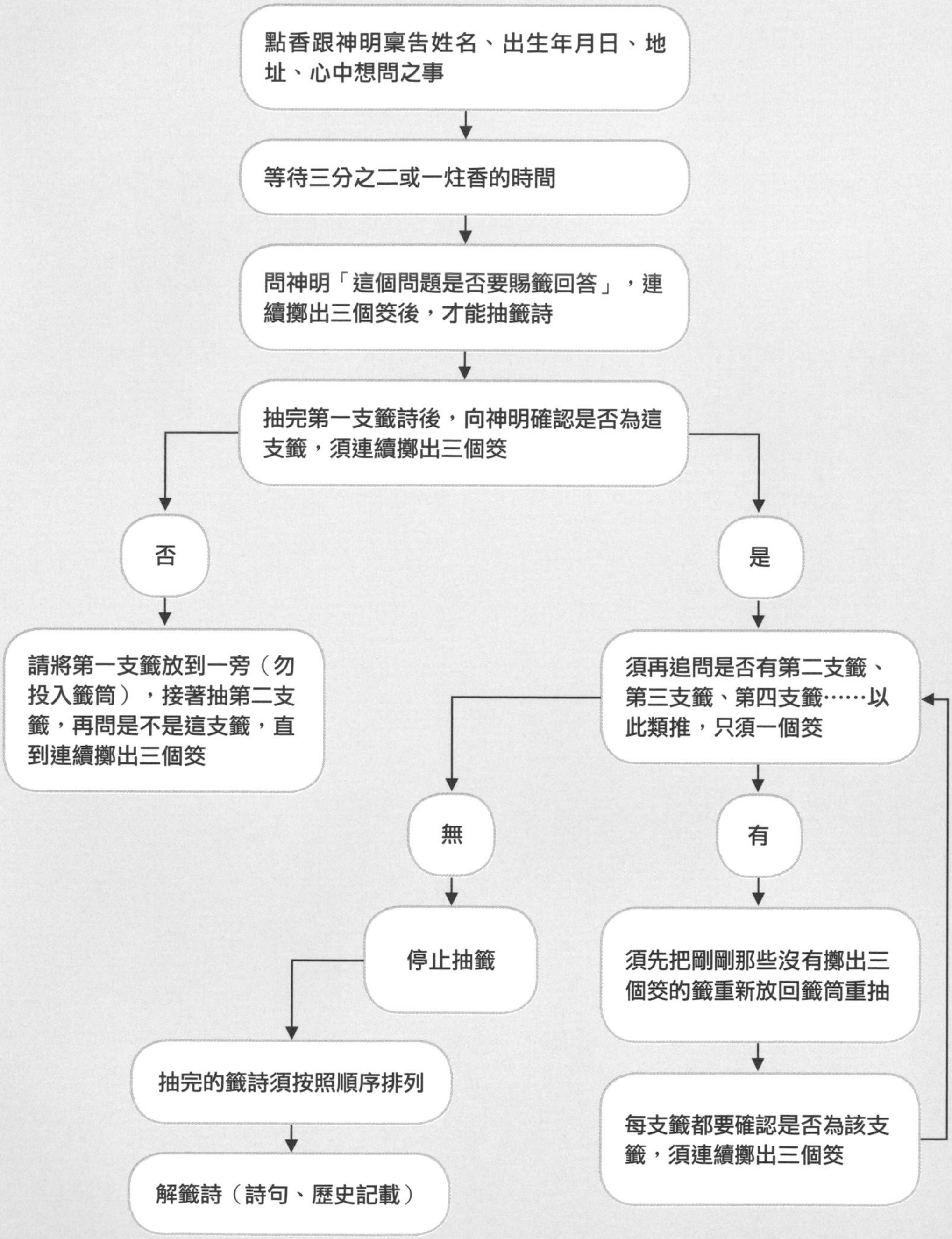
點香跟神明稟告姓名、出生年月日、地址、心中想問之事
等待三分之二或一炷香的時間
問神明「這個問題是否要賜籤回答」，連續擲出三個筊後，才能抽籤詩
抽完第一支籤詩後，向神明確認是否為這支籤，須連續擲出三個筊
否
請將第一支籤放到一旁（勿投入籤筒），接著抽第二支籤，再問是不是這支籤，直到連續擲出三個筊
是
須再追問是否有第二支籤、第三支籤、第四支籤……以此類推，只須一個筊
無
停止抽籤
抽完的籤詩須按照順序排列
解籤詩（詩句、歷史記載）
有
須先把剛剛那些沒有擲出三個筊的籤重新放回籤筒重抽
每支籤都要確認是否為該支籤，須連續擲出三個筊

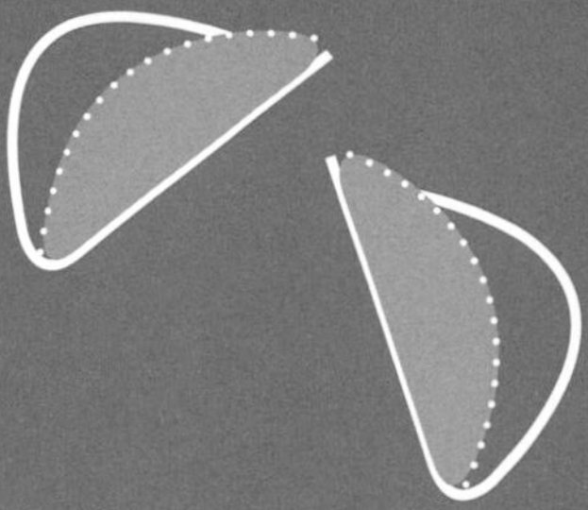

第 2 部
問對問題擲筊不困難

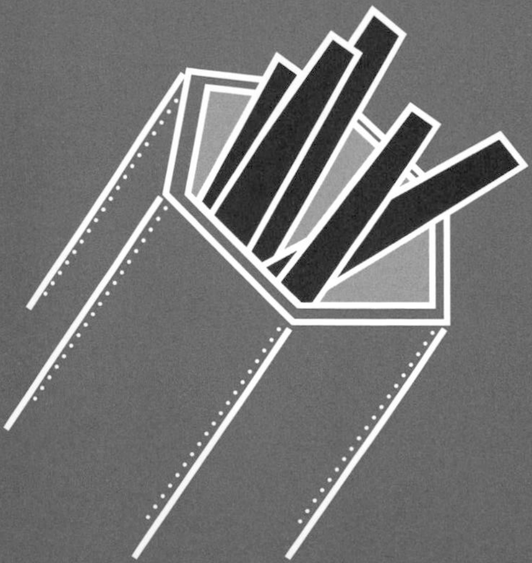

「身體事件問法」流程圖

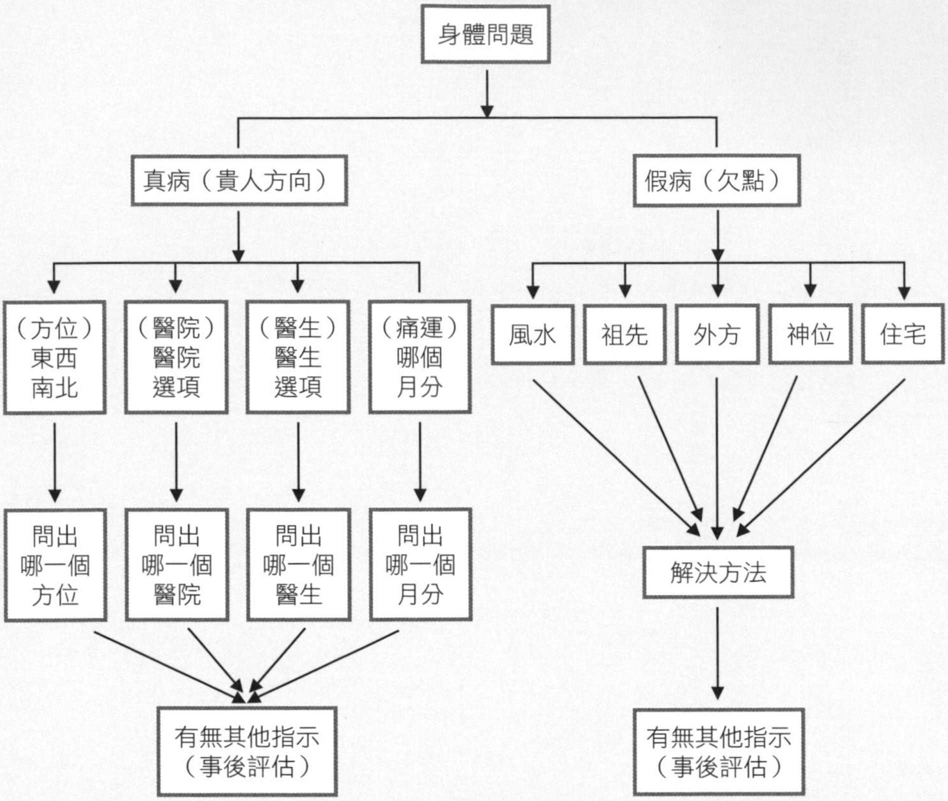
身體問題
真病（貴人方向）
假病（欠點）
（方位）東西南北
（醫院）醫院選項
（醫生）醫生選項
（痛運）哪個月分
問出哪一個方位
問出哪一個醫院
問出哪一個醫生
問出哪一個月分
有無其他指示（事後評估）
風水
祖先
外方
神位
住宅
解決方法
有無其他指示（事後評估）

怎麼問身體的問題

「生病一定要先去找醫生」，這是一個基本原則。

信而不迷才是正道

我看過很多沉迷於宗教的人，不管是信仰哪一種宗教，一旦遇到身體不舒服、有狀況，或是生病了，心裡動的第一個念頭就是去找神明而不是先看醫生，這是一個非常嚴重的錯誤觀念。當然，在宮廟主事之人應當要比一般人更懂這個道理，一旦有信徒來問有關身體方面的事情，一定要勸導信徒先去看醫生。倘若醫生看不好，再來問是不是有其他因素造成，這樣才正確。

假病（欠點）的問法

要問身體的問題之前，記得先問自己——已經看過醫生了嗎？

外方（無主孤魂）

例1 女兒有時候會講一些我們聽不懂的話。平常在家，還會像乩童一樣被附身，看了好幾年醫生都沒有效……

在一個週末的下午，大約三點多，有一位媽媽帶著她的女兒——大概二十出頭，看起來氣色不是很好，兩眼無神且無精打采——走進廟裡。進來時什麼話也沒說就坐在椅子上，過了三十分鐘左右，這位媽媽終於開口說她想問一些事情。工作人員讓這位媽媽先登記，然後再教她們點香。點香結束，母女倆便落寞地坐在椅子上等待下一個階段的開始。

又過了三十分鐘，輪到這對母女問事了。老師問這位媽媽說：「妳今天要問的是身體方面的問題嗎？」她回答說要問女兒的身體，她女兒的健康一直很不好。

「有去看過醫生嗎？」

「有，可是看了好幾年都沒有見效，直到有一天在報紙上看到有關這裡的報導，才來請你們幫忙。」

這位媽媽接著敘述，「她有時候會講一些我們聽不懂的話。平常在家裡，還會發生像乩童被附身的情況；晚上睡覺時，甚至還會莫名其妙被拉起來……不管怎麼樣，就是無法好好地入睡，當然人也一天比一天虛弱。」

老師進一步問這位媽媽說：「這種情況持續多久了？」

她回答道：「大概已經有十年了。」

「好，我等一下會幫妳問。別擔心，我會站在妳的立場幫妳問，不會隨著妳的話順藤摸瓜，所有的答案都必須經過擲筊驗證，所以是神明在一一回答妳的問題。至於神明所指示的答案，如果對就說對，如果不對就說不對，不用不好意思——兩相對照，事情才能水落石出。擲筊的過程通常會比較慢，請妳要有耐心。」

這個時候，這位媽媽問：「那接下要怎麼問呢？」

王博士小叮嚀

向神明請示健康問題前，一定要先看醫生！

一遇到身體不舒服，或是生病了，第一個念頭若是找神明而不是先去看醫生，這是非常嚴重的錯誤觀念。醫生看不好再來問神明是否有其他問題，才是正確的做法。

①先問身體方面的問題，是不是有什麼「欠點」所引起？

「首先，要問妳女兒身體的問題，是不是有什麼欠點所引起。」

一聽，這位媽媽立刻問：「什麼是欠點？」

「『欠點』大多指的是外來無形的部分，是一般人看不到、醫學檢查不到的地方。具體來說，身體的病有分三種：真病、假病、心病。

所謂的真病指沒有外來因素或無形部分造成，是真正身體裡面產生病變。所以我才會先問妳有沒有去看過醫生，如果是真病，看醫生也許就會痊癒；相對地，若看過醫生卻沒有起色，那就有可能不是真病，而是假病。

至於假病，就像妳女兒的情形一樣，不是真正身體內產生了病變，而是某種外來因素所造成。如果是假病，通常看醫生都不會有效果，因為造成這個問題的『源頭』沒有找到，所以看什麼醫生、吃什麼藥都沒用。」

聽到這裡，這位媽媽忽然有所領悟地說：「我懂了，之前我女兒去看過很多醫生都沒有起色，就表示這不是真病。

若是真病，應該會慢慢好轉。就是因為沒有改善，所以才要問到底是不是假病；而假病是因為欠點所引起，所以我們首先要找出這個欠點是什麼以及在哪裡，對嗎？」

「沒錯。」老師笑著回答。

然後，老師就朝有沒有「欠點」這個方向來問神明。在問過幾個可能性之後，果然不錯，神明終於指示這位媽媽的女兒確實是因為「欠點」引起健康問題。

王博士小叮嚀

問事的重要步驟——找出「欠點」並且解決它！

「欠點」指阻礙事物順利、順心的某種問題點，一般常見的有：外方（無主孤魂）、祖先、住宅、神位，以及風水方面，但實際上不只這些。處理事情最怕的是不知道真正的問題點是什麼，只要知道根本問題，接下來就能對症下藥去解決它，所以找出「欠點」很重要。

在向神明問事時，如果已確定事情是因為某種「欠點」所導致，務必朝「欠點」的方向去問接下來的問題（例如：欠點是什麼、在哪裡、解決方法……），否則得出的結果容易文不對題，反而可能得出錯誤的解決方案。相反的，如果神明指示事件發生的原因和「欠點」無關，就別硬要懷疑那個方向，免得失去真正的焦點，找不到最適當的解答。最後當問題處理好後，別忘了再確認：1這樣處理是否已夠完善；2有無其他問題還要解決。

②要知道欠點有哪幾種？

這位媽媽得知這件事情是因為「欠點」引起，便非常擔心地問：「接下來該怎麼辦？」

老師耐心地解釋道：「既然神明已經指示妳女兒的身體是『欠點』所導致，那麼接下來，我們就應該朝神明所指示的方向去問；也就是繼續問這個『欠點』到底是什麼，以及在哪裡。」

一般常見的「欠點」，通常包括：外方（無主孤魂）、祖先、住宅、神位，以及風水方面。當然，「欠點」還包含其他部分，但是我們就先針對普遍常遇到的這些來問。

但是，一連問完神明好幾個「欠點」到底是什麼後，神明卻沒有給這位媽媽任何的答案，反而給了四張關於她女兒身體方面的籤詩（關於籤詩的意義及如何抽籤詩，請參考第貳單元）。

既然神明給了四張籤詩，我們理所當然就要為她們解讀籤詩裡的內容。

老師一開始先跟這位媽媽解釋說：「神明賜籤詩，就是表示祂們有很多話要對妳們說，所以才藉由籤詩，為妳們做更多、更詳細的說明與指示。

這四張籤詩的內容主要是說，過去你們一家是個很平順的家庭，直到有一天發生了一件事，導致妳這個家庭後來陸陸續續發生很多很奇怪的事，妳可能不知道這件事的嚴重性，但這件事就是導致妳女兒身體出問題的『欠點』所在。

此外，這些年來，妳已經帶妳女兒去問過很多神壇或宮廟，也讓人處理過很多次，但效果不彰，所以到目前為止，你們一家人對問神明的信心也所剩無幾了。」

老師解完籤詩之後，她立刻告訴老師，他們一家這十年來確實像籤詩敘述的那樣，一直很不平順，也的確問過很多神壇或宮廟，但每間講的都不一樣，處理的方式也不同。到最後，她女兒的問題依然存在，沒有解決。

「籤詩講得沒錯，我們已經沒什麼信心了，今天也是抱著姑且一試的心態來的。」她接著再說，「剛剛老師你說籤詩裡有講到曾發生過一件事，而這件事就是導致我女兒身體出問題的『欠點』，我在想會不會是家中那尊神像的關係？」

「我現在還不知道這個欠點是否如妳所說，就是那尊神像的因素，不過妳怎麼會這麼想呢？」老師不解地問這位媽媽。

原來他們所住的房子是二手屋，搬進去時發現廁所上面有一尊觀音神像，他們不知道這尊神像的來歷，也不知道要如何處理它，後來經人介紹去一間神壇，那裡的人告訴她，這尊神像跟他們一家有緣，最好在家中準備一個神桌，把觀音神像供奉起來。於是，這位媽媽就真的去買了一個神桌，挑好日子請他們來家中幫忙安神位及神像。

神桌及神像安座後不久，她女兒就開始講一些大家都聽不懂的話，而且還出現像廟裡的乩童一樣被附身的行為，這位媽媽便再次去詢問那間神壇。

對方回答說，這是正常的靈動現象，而那些話則是靈語，要她女兒跟著這尊神像靈修就對了。

沒想到，情況一天比一天嚴重，人也一天比一天虛弱，算一算至今也有十年了，到現在依然沒有人可以處理好她女兒的事。

「到底是不是這尊觀音神像的問題，我不知道。我們處理事情都很小心謹慎，是與不是還要經過神明指示，我不能隨便回答妳。神明給妳四張籤詩，不只解釋妳女兒身體問題的來龍去脈，也說明妳全家的遭遇，甚至指出了你們現在心裡的想法。如果妳願意處理，我們就再進一步問神明，看這個欠點到底是不是真如妳所說，就是這尊觀音神像所致，但假使妳不願意處理，那我們問到這裡就好。」

這位母親想了一下，回答說：「好，我相信這裡，我願意處理。」

既然願意處理，老師便繼續問究竟這個欠點是不是就在於這尊觀音神像。這次神明終於指示這個「欠點」，確確實實就是神像所致！而且重要的是，這尊神像現在已經被不正的靈所侵入。

③知道問題在哪裡，就要有能力解決

雖然神明已經指示出答案，但這位媽媽似乎還不完全了解神明所指示的含意。擲筊的過程是片段性的重點，身為神職人員有義務把整個擲筊過程跟結果好好地整合，再一次解釋讓當事人明白。

「今天妳來問妳女兒身體方面的問題，經神明調查指示，癥結點就在於這尊神像，而且這神像早就被外方不正的靈侵入；也就是說，這尊觀音神像已經不是正神了。所以，妳女兒老是講一些別人都聽不懂的話、晚上無法睡覺，以及時常發生被附身等情形，都是這個不正的靈所造成的。」

聽到這裡，這位媽媽立刻變得非常擔憂，追問著老師到底接下來該怎麼處理才好。老師叫她先不用太擔心，只要神明有能力查出問題出在哪裡，祂們就一定會有解決之道。

「如果妳有決心跟耐心，我們一定會配合神明，幫忙處理好妳女兒的問題。」

這件事情非常複雜，光是裡面的結就有好幾個，必須靠專業人士的幫忙，一個一個慢慢的解。

前前後後歷經差不多兩個月的時間，在神明跟人配合處理之下，這位媽媽的女兒已經沒有出現像之前那種情形，不再講別人聽不懂的話，也沒有被附身的情況，甚至晚上也都能安穩入眠。

現在，這位媽媽三不五時就會帶她女兒來宮裡拜拜，也經常和大家一起談天說地。

「來你們這裡之前，我完全不知道用擲筊的方式還可以問事情跟處理事情，之前我去問的神壇都用乩童起乩，不像這裡是用擲筊的方式問事，而且在處理過後，我女兒身體狀況也完全好了，更重要的是我還學到怎麼問神的觀念。」她這樣說。

老師笑一笑說：「想學怎麼問神，一定要先知道問神的方向。就拿妳女兒身體的事情來講，既然神指示是『欠點』所引起，接下來就應該朝欠點的方向去問，也就是問是什麼欠點和在哪裡。相反的，如果神明指示這件事情是因為欠點所引起，但我們不朝『欠點』去問，反而朝其他方向提問的話，那麼，問出來的結果就極可能會有文不對題的情形發生。一旦文不對題，處理的策略也會跟著錯誤。這一連串的錯誤加起來，整件事情就會變得更糟。

負責查事情是神明的工作，而我們人所負責的工作就是等待神明查好事情之後，心裡先準備幾個有可能的方向來問神明。至於是不是這個答案，自己不能有先入為主的觀念，更不能將神明指示出來的答案任意添油加醋——這樣問出來的答案才是真正的神意。

心中要有『事出必有因、無針不引線』的觀念；一定要配合神明的調查找出導致這件事情的源頭——也就是『欠點』所在。千萬不能頭痛醫頭，腳痛醫腳。只要能找出『欠點』，就能夠對症下藥，這就是學會怎麼問神的重要觀念，也才能夠真正達到濟世救人的目標。」

王博士小叮嚀

跟神問問題的必備態度

1 心裡要先準備幾個有可能的方向來問神明。

問神不敗圖解案例

狀況：家人疑遭附身，已看過許多醫生但仍不見好轉
→所以判斷可以來問神

↓ **釐清問題**

從是否有欠點問起：經擲筊確認，的確有欠點。
問欠點種類時，卻始終沒問出答案

↓

轉個方向問看看或者問是否要賜籤詩：神明指示要賜籤詩

問事心法 1
問事時若神明沒有任何指示，要有敏感度換角度問

↓

籤詩指出，最近發生的某事導致家中不斷出事→經仔細回想，懷疑和搬家後，遺留在家中的神像有關

問事心法 2
懷疑某事問主因的時候，切勿先入為主、甚至朝此方向處理，一定要先擲筊確認

↓

經擲筊確認後，確定問題和神像有關，請示神明該如何解決

↓

請示神明該如何解決，並且按照指示確實處理

導致失敗的問事地雷
問事前多留意周遭出現的異象或是變化
問神前要多準備幾個可能方向，也要仔細觀察、回想出事前後周遭曾發生的變化，便能讓問神的過程更順利，得到的答案可信度也更高。

2 對於神明要給我們的解答，切勿有先入為主的想法。
3 絕對不要將神明指示出來的答案任意添油加醋。
4 問神明問題一定要抽絲剝繭。不可急、不可慌，要保持耐心，一步一步慢慢來。
此外，一定要冷靜、積極主動思考問題，否則就只是拿香跟著拜而已。
5 問事時一定要有敏感度，若神明沒有做出任何指示，就表示事有蹊蹺，背後可能有其他複雜原因，而且並不單純。記得換個角度問神明問題。
6 事情處理好後，別忘了感謝神明的指示。

例2 老奶奶近四個月來一直有頭痛的問題，痛起來甚至想輕生，看醫生看了一段時間也沒有多大效果。

某天夜晚，一位中年婦人帶著一位八十幾歲的老奶奶來我們這裡。彼此互相聊了一下，原來這位中年婦人是這位老奶奶的媳婦，老奶奶在最近四個月當中一直有嚴重頭痛的問題，痛起來甚至令她心生尋短的念頭，看醫生看了一段時間也沒有多大效果。

家人看老奶奶這樣，都非常的擔心，很害怕再這樣下去不知道會發生什麼事，直到有一天看了新聞媒體報導之後，才想說要不然帶婆婆來問看看到底是什麼原因造成的。

等了一段時間，終於輪到老奶奶問事，由於她年紀大，所以由媳婦幫忙代問。

了解事情的來龍去脈後，老師首先介紹宮裡的問事方法，以及應該要怎麼問她婆婆頭痛的問題。

「既然妳婆婆看過醫生也毫無起色，那我們就要先問她頭痛的問題是不是有什麼欠點造成的。如果真的是欠點的影響，那它就是整件事情的『源頭』。接下來的程序則是再繼續問這個欠點到底是什麼。」

經過一連串的擲筊驗證，果然她婆婆頭痛的問題是欠點所致。既然神明已明確指示，接下來就往欠點方向去問。

在一連問了好幾個欠點因子後，終於得到指示：

在四個月前，她婆婆的元神已經失落在他們住所的西南方。然而，縱使神明如此指示，仍舊要跟當事人再確認一下是否屬實，以求對證。

她婆婆回想了一下，恍然大悟地說：「有有有，四個月之前，有一天我出去散步，走到一間廟旁邊時，不小心跌倒了——而且那間廟確實是在我住家的西南方。那個時候，我雖然忍痛爬了起來，但回到家之後，就開始出現頭痛的症狀。」

聽完老太太的敘述後，老師接著跟她說：「即使妳回想起四個月前的確有在妳家的西南方跌倒過，但為求屬實，我還是要再問神明是不是這個原因導致妳頭痛，因為答案也不是我說了算。」

接著，老師按照老婆婆的描述，繼續問神明究竟是否真如她所言，在西南方一間小廟旁跌倒，元神現在就失落在那間小廟裡，所以才會造成頭痛？經擲筊再次驗證，果不其然就是如此。

擲筊是片段性重點，如今這位老婆婆頭痛的根源已經問出來了。緊接著，就是要把整個擲筊的過程與結果做一次整合，好讓這位老奶奶及她的媳婦都能夠了解情況。

老師於是跟這位老婆婆說：「妳頭痛的問題，經神明再三證實，的確是因為妳在住所西南方一間小廟旁跌倒，導致元神現正失落在那裡——這就是引起妳頭痛的『欠點』。」

媳婦接著問：「什麼是『小廟』？」

「小廟也有人把它說是陰廟，老一輩人所說的無主孤魂有時也會依附在小廟裡。正巧妳婆婆那時運勢比較差，她在那裡跌倒，又剛好遇到那些無主孤魂，所以才會元神失落，引起頭痛。」

「那現在該怎麼辦呢？」

「不用擔心，既然神明已經講出問題出在哪裡了，祂們就有辦法幫妳婆婆解決。」

接下來，神明當然還有一連串的指示要怎麼處理這位老奶奶頭痛的問題。

神明也特別交代，祂們會負責幫這位老奶奶去跟西南方的小廟交涉、談判，七天之後假使頭痛有好轉，她們還要再來請示神明後續要怎麼處理；如果頭反而更痛的話，也要趕快再來問。

一個禮拜後，這位婦人帶著她婆婆來我們這裡，說頭痛已經完全好了。至於後續的事情，就只剩下善後的工作了。

一直到整個事情結束之後，這位婦人才坦白地說，其實她之前一直非常質疑擲筊的可信度，但今天總算開了眼界。

於是，老師笑著問這位婦人說：「那麼，從一開始妳來我們這裡問妳婆婆頭痛的事情，到現在終於圓滿解決，整個過程中，妳覺得自己有沒有學到了什麼呢？」

這位婦人回答說：「第一，擲筊會不會準確，全看怎麼問神明問題。如果請示神明的時候，問問題的方向錯誤了，那麼，不管用什麼方法——甚至以乩童或是通靈的方式問神，最後的結果也可能還是錯誤的。

第二，站在中間幫信徒問事的這個人，也扮演整件事情成敗的關鍵。因為會來問神明的人，大多數都是遇到問題或瓶頸的人。就是因為已經求助無門了，才會想要藉由宗教的方式來解決。

很顯然，如果幫我們向神明問問題的這個人不正派，又不懂得問神明問題，或者是方向問錯、亂問一通，那麼事情不但得不到解決的方案，反而會愈弄愈糟糕。

以上兩點，就是我來這裡學到的重點。」

聽完這位婦人的闡述後，老師十分開心地笑著對她說：「真高興妳可以講出這兩個重點來！這代表我們又向『達到濟世救人的目標』邁進一大步了。」

王博士小叮嚀

擲筊到底準不準？

「擲筊」，是一種最傳統，也最沒有人為操控干擾的問神方式，加上一定都要得到三個「聖筊」才算數，因此雖然過程比較漫長，但得到的答案卻是最讓人信服、最可靠、最讓人有安全感的。

1 擲筊會不會準確，如何用正確的方法「問神明問題」是關鍵。

2 慎選協助問事的中間人：以正派、有經驗者為佳。

3 擲不到三個聖筊時要有耐心，不要做太多負面揣測，可以再思考其他角度的問法，或問是否賜籤詩—無法直接與我們對話的神明，會利用「筊」的翻動變化讓我們看出指示的端倪，所以冷靜、耐心問下去就對了。

4 事件擴及層面甚多者，可再到別的地方求證，以求百分之百正確。

問神不敗圖解案例

狀況：近四個月來有嚴重的頭痛問題，
看過許多醫生但仍不見改善
→所以判斷可以來問神

↓ 釐清問題

看醫生也沒好轉，故先從是否有欠點問起：經擲筊確認有欠點。
問欠點種類，神明指示元神失落在住所的西南方

↓

經婆婆回想，四個月前在住家西南方的小廟跌了一跤

問事心法
雖然時間、地點符合神明指示，但仍舊要擲筊確認是否為起因

↓

經擲筊確認後，證實頭痛確實和在小廟旁跌倒有關

↓

請示神明如何解決，神明交代，七天後頭痛若有好轉，要再回來請示神明後續處理事宜

導致失敗的問事地雷
事情好轉時勿高興得太早
神明的指示要詳細記錄下來，切勿因為情形好轉而認為已無須處理，而忽略了回去問後續事宜的交代。

常見點欠

祖先

在一個禮拜六晚上，大概八點多，一位年約四十幾歲的先生走進宮裡，然後開門見山地說，他是因為新聞報導及看過《神啊，祢到底在幫我什麼？》之後，才專門從臺中下來，想問一些事情。

在彼此互相寒暄之後，剛好其他信徒的事情處理到一個段落，便開始跟這位先生一起坐著泡茶，順便聊一下他這次遠從臺中下來主要想問什麼事情。

「我姓李，家住臺中，目前從事環保工程的事業，先不說工程方面的諸多不順利，比較擔心的是我個人一直無精打采，晚上也睡不太著，必須靠安眠藥才能入睡，身體狀況愈來愈差。再加上一堆負債，甚至還遭小人陷害，到現在人生還是茫茫然，不知道該如何是好。」語重心長地說到這裡，李先生喝了一口茶，深深地嘆了一口氣繼續說，「為什麼這麼認真打拚事業，命運會這麼乖舛？我一直在想這當中到底出了什麼事？也許是機緣到了，有一天，我看到新聞媒體跟報紙報導有關這裡的種種事蹟，好奇之下，就索取《神啊，祢到底在幫我什麼？》來看。說真的，一般的善書我大概看個幾頁就不看了，但這本書我竟然能一口氣把它看完，而且欲罷不能，真令人驚訝！

看完之後心裡很感動，也非常認同這樣的濟世宗旨與原則。所以，我毅然決定南下尋求協助，請無論如何都要幫幫我。」

聽完李先生的敘述，大家的心情也變得跟他一樣沉重。老師安慰他說：「你先不用擔心，也不需要如此垂頭喪氣，人生遇到瓶頸總是要想辦法解決。你今天來主要是想問身體還是事業的問題？」

李先生回答說：「問身體方面好了。」

①擲筊真的那麼容易嗎？

李先生完成一些登記程序後，老師接著說明：「這裡的問事方式是先擲筊，我會站在你的立場幫你問神明，所有答案都不是我說了算，一切以神意為主，所以你不用擔心。現在我先針對你要問的身體問題請示神明，看神明做何種指示，我們再進行下一階段的步驟。」

李先生聽到是用擲筊的方式問事情，立刻一臉狐疑地問：「這裡是用擲筊的方式問事情喔？怎麼不是通靈或乩童？擲筊不是很簡單嗎？這大家都會啊！」

面對他一連串的質疑，老師其實心裡非常清楚他的不安，因為這些疑問老師已經遇過不下千百次了。既然當事人對擲筊的方式仍然存疑，就必須跟他清楚說明神明的濟世宗旨與擲筊的奧妙。

老師問李先生說：「你來這裡之前有去問過其他的宮廟嗎？」他回答有。

「那這些你去過的宮廟是用什麼方式幫你問事情？」

「有些是以通靈人士說明事情，有些是以乩童方式解釋。每個宮廟問事方式各有不同，但唯一相同之處，就是沒有任何一間是以擲筊問事。」

老師再問他說：「既然先前已經問過好幾個地方了，應該就不需要再到高雄來找我們啊！這樣推論應該沒錯吧？」

這位先生一聽，忽然低著頭小聲說：「就是沒效，才來你們這裡啊……而且走進來的剎那間，我就覺得這裡可以解開我的疑惑，也能處理好我的事。」

「你剛剛說擲筊很容易，而且人人都會，然而，就我的經驗來看，事實恰恰相反。擲筊反而是最困難的，並不是每個人都可以真正的把神明的意思藉由擲筊問出案情的重點。要怎麼問神？什麼事該問神？什麼事不該問神？根本問題（欠點）要怎麼查？查到根本問題之後又該如何去處理……這裡面含有非常多的玄機跟奧妙，而這些千變萬化的觀念都得經過神明親自指導，還要經歷幾十年的濟世經驗累積承載，才有可能以擲筊處理好事情。不過，我覺得凡事不勉強、不強求，有緣自會相逢，順其自然就好。」

李先生聽完，很認同地點點頭說：「說的也是，也許是之前從沒看過這種方式，現在這種舊觀念是該改變了。好，我完全配合你們的處理方針，接下來該怎麼做？」

老師回答道：「如果你認同這裡的問事方式與原則，那我們就正式開始幫你問有關你身體的問題。」

②若神明沒做出任何指示，表示祂有其他話要講

一連擲筊問了差不多二十幾分鐘，神明都沒有做出任何指示。李先生不禁一臉恐慌地問老師，是不是他不夠誠心，還是很難解決，不然神明怎麼沒有任何指示？

老師於是跟他說：「我知道你的擔憂之處，但是你不用怕，也不需要擔心。這就是我剛才所說的，擲筊千變萬化的地方很多，要有耐心。

根據我的經驗，如果神明一直都沒做出任何指示，表示一定有其他原因，或者祂有其他話要講。在問神明的這個『人』，一定要了解祂這個時候想要表達的是什麼，因為神明不會講話，只好藉由擲筊時筊的翻動變化，讓我們看出端倪。你不必做太多負面揣測，有耐心地再問下去就對了。」

聽完老師的解說，李先生的心情也放鬆了許多。果然不出所料，一開始之所以不做出任何指示，原來是因為神明查到他的問題根本就不在身體，也就是說，這位先生事業的問題比他的身體還要重要。再深入一點來說，就是李先生的事業問題，才是導致他晚上很難入睡的主因。

換句話說，只要事業問題改善，睡眠問題也會迎刃而解。至於李先生事業方面到底出了什麼問題，神明指示要賜籤詩來說明整件事情的來龍去脈，之後再做進一步的指示。

完成抽籤詩的程序之後，神明賜給李先生兩張籤詩。

老師看完籤詩，很嚴肅地對他解說裡面的內容涵義。「剛開始你是要問身體方面的問題，但神明卻說你的事業問題才是重點，這表示你的事業就是引起你睡不著的主因。而神明所賜的籤詩，主要是要告訴你，起初你的事業做得很不錯，支出與收入都能達到期待，但是這幾年來卻開始出現一些變化，一直無法順利，如今你的情況有如風中的一盞殘燈，浮浮沉沉、搖搖擺擺，一不小心就有熄滅之憂。

神明幫你做總查明的結果，原來這些是因為一個『欠點』造成的，而且這個『欠點』非常複雜，沒那麼容易解決。

不過相對地，只要把『欠點』處理好，你的事業就能慢慢好轉，這盞殘燈就會有如雲開月明，恢復燦爛的光芒。

我們這裡的問事方法，是要幫人找出根本的原因。真正問題的根，通常都在我們看不到的地方。再具體一點來說，這整個脈絡就是欠點造成事業無法順利，而事業則導致你睡不著。這當中有三個結，必須要一個一個解，順序也不可以顛倒。」

聽完老師的解釋，這位遠從臺中來的李先生心裡彷彿忽然亮起一線生機似地，馬上追問要怎麼處理。

老師則跟他說：「下一步應該要找出這個造成你事業不順利的欠點——『刺』——是什麼。把這根『刺』拔出來，再來問怎麼做，這樣的程序才是合理的。」

③繼續追問這根「刺」在哪裡

做學問一定要慎思明辨，問神明問題也一定要抽絲剝繭，不可急，也不可慌亂，還要有耐心。

就像之前說過，神明本身不會講話，無法主動指示我們，因此我們應該要會思考、積極主動地問祂們問題，這樣才算真正達到問神的精神，否則只是拿香跟著拜而已。

既然籤詩明白指示這位李先生的事業無法順利是因為「欠點」所引起，想當然耳，只要把這根「刺」拔掉，接下來一切事情自然會水到渠成、迎刃而解。處理事情最怕的就是不知道真正的問題點是什麼，只要知道根本原因，接下來就可以確定療程，然後開處方箋對症下藥，最後再做總評估——這就是問神明的竅門之一。

既已得知有欠點這個因素存在，那就應該針對欠點這個部分繼續問。大約經過十分鐘的擲筊，神明終於指示這個欠點是「祖先」方面的問題，並特別交代說：「你們家祖先問題很複雜，複雜到不是一般人可以完全理解的程度。」

聽到神明做這樣的指示，李先生仍然信心滿滿地告訴老師說：「打從一開始進來這裡跟你們交談，到目前為止，我這輩子從來沒看過，用擲筊的方式問神明問題還能問得這麼透澈、這麼合乎邏輯！

根據我的觀察，老師你不但不會誇大其辭，更不會危言聳聽，相對的，還會站在我的立場幫我問問題，而且問出來的答案完全是神意，不是人意。我有耐心，對這裡更有十足的信心，雖然神明說這件事情很複雜，但只要能把它處理好，我一定會完全配合到底。」

祖先問題1 要申請「除戶」了解祖先來源，處理問題才會有憑有據

老師看到李先生從未謀面且遠從臺中第一次前來，就對這裡如此有信心，也鼓勵地對他說：「既然神明能講出問題在哪裡，就有能力幫你解決。現在，麻煩你回去先做兩件事，完成之後再找個時間下高雄一趟。

第一件事，請去戶政事務所申請『除戶』，而且要申請『全戶』的除戶。全戶的意思就是連叔叔伯伯輩這種旁系祖先也會記載。」

李先生問：「除戶是什麼？有什麼作用？」

「一般祖先如果有問題，通常包含該拜的祖先、不該拜的祖先、倒房[1]都混在一起。所以，你先去戶政事務所申請原戶籍地的除戶，等除戶申請到了，我們再來做一次核對。核對完後，神明就會去找你的祖先，跟他們協調、談判，接著再指示我們該怎麼做。

至於什麼是除戶？那是要做什麼的？還活在陽世間的人口資料，叫做『戶籍謄本』；已經往生的人口資料，叫做『除戶』。

除戶資料裡面會詳細記載一個直系家庭裡面，有哪一位祖先已經往生；當中還包括往生者的姓名、出生日、往生日、往生者配偶的名字❷。之所以叫你去申請除戶，是因為神明已經查到你家現在拜的祖先牌位裡面，也許包括了該拜與不該拜的，還有倒房的祖先也出現了問題。所以必須依靠那些相當明確、有事實根據可查明祖先來源的除戶資料，才可以分辨出哪些祖先是該拜，哪些是不該拜，還有哪些是倒房的祖先。因此，要辦理祖先的問題，申請除戶資料是首先要做，也必須要做的。」

「那你剛剛說的第二件事呢？」

老師繼續告訴他說：「你回去之後，燒根香對你家祖先說，因為要辦理祖先的事情，必須要打開神主牌抄寫裡面的資料，請祖先允許你打開。打開之後，你會看到一片一片的小塊木板，木板上有寫祖先的資料，你就用一張紙一字不漏地抄寫下來。而且要一片一片按照順序排好，不可以亂掉，因為小木板的前後順序排列，是按照第一代、第二代祖先輩分所排列的。抄下來之後，因為你住臺中比較遠，可以把申請到的除戶資料跟這份打開祖先牌位所抄的資料，一起郵寄給我。我收到後會先幫你核對，兩相對照後，祖先哪裡出問題，馬上就水落石出了。」

❶是老一輩的用詞，小時候就不幸夭折的往生者，或在這一生中沒有結婚，或沒有後代就往生者，不管有沒有成年，都稱為「倒房」。重要的是「倒房」也有分男、女。

❷如果沒有配偶，則不會記載。再娶、往生者共有幾房後代、後代子孫的名字，都會詳細記載。

王博士小叮嚀

什麼是「除戶」？如何利用？

「除戶」指的是往生者的人口資料。在處理祖先的問題時，申請「除戶」資料調查祖先來源，是首要動作，也是一定要做的事，有助於進一步找出是不是有該拜沒拜、不該拜卻亂拜，或是倒房的祖先。

「除戶」資料裡面會詳細記載一個直系家庭，有哪一位祖先已經往生，包括往生者的姓名、出生日、往生日、往生者配偶的名字（若無配偶，則不會記載；若再娶或不只一個伴侶，也會詳細記載）、共有幾房後代，以及後代子孫的名字。

1「除戶」資料要到戶政事務所申請。

2申請「除戶」時記得要申請「全戶」的除戶。

3核對神主牌的資料與「除戶」資料。

打開神主牌前，要先燒香對祖先說明，為了辦理祖先的事情而必須打開神主牌抄寫裡面的資料，請祖先允許你打開↓問祖先只需得到一個聖筊即可↓打開之後，你會看到一片一片的小塊木板↓用一張紙一字不漏地抄寫，並且要一片一片按照順序排好，不可以亂掉↓然後與除戶資料做比對。

祖先問題2

該拜的祖先、不該拜的祖先與處理方法

很明顯地，第一次遇到祖先有問題的人，大多不知道這其中錯綜複雜的程度，以為處理祖先是很容易的一件事。老師為確保李先生能完全理解，就再一次問他是否完全清楚。果然，李先生立刻開始問一連串的問題。「什麼是該拜的祖先？什麼是不該拜的祖先？」

老師耐心地解釋說：「一個直系血親的家族裡面，你只能拜你們這一房直系延續下來的祖先，這就是該拜的祖先。例如：曾曾祖父母、曾祖父母、祖父母、父母。其餘像伯伯、叔叔、兄弟輩已經各自有後代子孫，他們的後代子孫會各自拜自家的祖先，這些不是你這房延續下來的祖先，就不該拜。

一般人不知道這個道理，甚至還有人認為『有拜有保佑』，甚至『多拜多保佑』，這些都是錯誤的。根據我多年的經驗，祭拜祖先一旦出現錯誤，問題通常就會很嚴重。有些祖先甚至沒有辦法進入自己家的神主牌位裡，而在外面流浪。」

李先生聽完後，恍然大悟地說：「喔，我懂了，我終於明白為什麼你叫我去申請除戶了，因為除戶的資料裡面，會記載有哪些是我們這一房直系延續下來的祖先名字，而這些就是該拜的祖先；如果不是出現在除戶資料裡的名字，或是別房的祖先已經有後代在拜了，我們就不能拜，那些就是不該拜的祖先。

加上你叫我抄祖先牌位上的資料，目的是為了要與除戶的資料一起兩相對照；如果除戶資料上顯示直系祖先且該拜，而祖先牌位裡面卻沒有資料，這就表示我漏掉這位該拜的祖先。相反的，如果祖先牌位裡面莫名奇妙出現一位除戶資料裡顯示不是直系的祖先，那就表示我拜了一位不該拜的祖先，對吧？」

「沒錯，但還有很重要的一點，就是有沒有倒房，除戶資料裡也會有詳細記載。」老師笑著回答。

李先生忽然變得十分認真，繼續問老師說：「那些不該拜的祖先既然不能拜了，那我要怎麼處理？」

老師微笑回答道：「你問得很好。一般處理這些不該拜的祖先有幾種方法：

A『一定』要配合神明的指示做。如果神明指示燒一些紙錢給這些不該拜的祖先，那就會在燒紙錢的同時，也把這些牌位燒化掉。因為只要經過神明同意用這種方式處理，就表示神明已經與那些不該拜的祖先協調好，所以可以這麼做。不過，再強調一次，這種方法『一定』要經過神明指示才能做。未經過神明指示，牌位是不能隨便亂燒的。我以前看過有人自做主張，將該拜和不該拜的祖先牌位在未經神明協調前就全部燒掉，後來家中就發生很大的事情，我們一定要引以為戒。

B有些神明會指示讓這些不該拜的祖先成為自己的兵馬，歸自己所管，收為麾下，給他們留條後路。這也都是我們曾經辦理過的經驗。」

祖先問題3 祖先牌位上的資料寫錯與處理方法

李先生接著問：「那寫在祖先牌位上的資料，也一定要正確嗎？」

「當然！」

曾經有一位信徒也是家裡發生了一些事，結果宮裡神明查到他們家祖先牌位上的資料寫錯，上頭的資料都要重寫。

如要重寫祖先牌位資料，要注意的方向如下：

A**祖先的名字、出生日、往生日，都要據實寫詳細**。不過，也有一些例子是因為年代久遠，後代子孫已經忘記日期，這就得用另外一種寫法了，比方說：吉月吉日吉時。

B**祖先往生時的身分是什麼，寫的方式也有所不同**。例如：當這位祖先往生時，是已經當曾祖父母的輩分、祖父母的輩分，或還沒有當祖父母，或者還沒有結婚、沒有後代（屬男倒房，要寫明後代誰奉祀）……根據祖先往生時輩分的不同，牌位上的寫法也會跟著不同。

倒房的問題與處理方法（男女各不同）

李先生問：「那『倒房』這方面呢？我不太了解。」

老師回答：「『倒房』是老一輩的用詞，也就是說在小時候就不幸夭折的人。或者是在這一生當中，沒有結婚、也沒有後代就往生的人，不管有沒有成年，都叫做『倒房』。重要的是，『倒房』也有分男、女。」

男性倒房

根據李先生的問題，老師繼續解釋，如果家裡面的祖先有男性「倒房」，通常有幾種處理方法：

A要有後代的子孫奉祀（通常都是第二房的子孫在奉祀）。男性「倒房」是因為還未結婚也沒有後代就往生，所以沒有子孫祭拜他。沒有子孫祭拜，就等於斷了香火，就某種程度上來說，等同於無主孤魂。因此，這位**男性「倒房」的牌位上面，就要寫上一位後代子孫的名字去奉祀**。**一般而言不會是長子或長孫，大多是次子（二房）**。

B**有些男性「倒房」可能會自己要求到佛寺修行，此時就要把他的牌位請到他要去的那間佛**

寺或廟裡，每逢大節日再去祭拜。另外，也可能會求某一間宮廟裡的神明收留，跟隨那一間宮廟的神明修行，這都是我們曾辦理過的經驗。

C**有些男性「倒房」要準備投胎轉世**。這種情況的處理難度比較高，所以要配合神明指示的日期、時間行事。

女性倒房

老師繼續說明道：「女性倒房俗稱『姑婆』，而家裡的祖先牌位不能拜『姑婆』。」這時，李先生又有疑惑：「不能拜『姑婆』，那要怎麼處理？」

老師回答處理「姑婆」通常有幾種方法：

A**有些「姑婆」可能會要求出嫁，這就叫做冥婚**。如果這位「姑婆」如此要求，可能要做一些協調，看後續要如何處理冥婚的事。

B家裡面不能拜「姑婆」，跟男性倒房一樣，她有**可能要求到佛寺裡修行**。這時，一樣要把這位「姑婆」的牌位請到她要去的佛寺裡，每逢大節日時再去那間寺裡祭拜她。或者「姑婆」本身也會求某一間宮廟裡的神明收留，跟隨那一間宮廟的神明修行；情形跟男性倒房一樣。

C有些「姑婆」亦有準備投胎轉世的情形，處理難度也比較高，所以通常指示欲投胎轉世者，都一定要配合神明指引，比如：如何辦、何日辦、何時辦、何處辦，人絕對不能擅自作主。

祖先問題5 雙姓祖先問題

還有一種祖先問題叫「雙姓祖先」；也就是同時供奉兩個不同姓的祖先牌位。有兩種原因會造成雙姓祖先，一是祖先曾有過冥婚，二是祖先曾被招贅過。

所謂的「冥婚」，指的是在較早的年代，女生未婚就不幸往生（女性倒房），她們有時會想要出嫁，這時候她們的家人會準備一個紅包丟在路邊，看哪一個男生撿到，就表示他跟這位女性往生者有緣，得娶她為妻、迎娶這位女性往生者的神主牌位。

按照慣例，冥婚後在原本家中祖先牌位旁，要獨立安置這個往生女性的神主牌位供奉，不能混在原本家中的祖先牌位裡。所以，家裡就會有兩個祖先牌位（兩個姓氏）。

入贅是很複雜的部分，至於入贅為什麼也要分兩個祖先牌位呢？因為以前的年代有些人家沒有生兒子，只有女兒，或者只生一個獨生女，而父母親擔心將來女兒出嫁，他們百年之後由誰來供奉？因此招贅一位男生進來，使百年後還有人供奉他們，不至於永遠斷了香火。

再具體一點，例如有一戶姓林的人家，到這一代只生一個女兒，而林家招贅一位姓吳的男性進來。招贅所生的後代，是姓吳，而不是姓林——這就是所謂的「林骨吳皮」。

不過，以前也有要求入贅後所生的後代，要有一房從母姓（林姓），那是因為牽扯到財產分配問題，所以才要過房，可是這種情形會衍生相當多的問題，包含後代子孫姓氏不清楚的狀況。

因此，現在處理這種入贅以後後代姓氏的問題，都是採用林骨吳皮的方式。

還有一點也很重要，入贅的那位男性在某種程度上，就如同嫁出去的女兒；入贅後，本身吳家的祖先（含吳姓的父母親以上）就不能拜了，但林家祖先一定要拜。直到入贅的這位男性百年之後，他的兒子就要開始分兩個姓的祖先牌位（林、吳）祭拜了。

「剛剛神明一開始就挑明你家的祖先很複雜，我就在想你家祖先會不會也有雙姓祖先的問題，不然祂們怎麼會說很複雜？到我們這一代，祖先問題如果沒有解決好，再遺留給下一代處理，那下一代要不要處理、會不會處理，都還是未知數。做父母親的總是希望留一些福報或財富給後代子孫，不會想要留一堆麻煩給他們吧！」

李先生聽完老師費這麼大的工夫講解有關祖先的問題後，搖搖頭且嘆了一口氣說：「我不知道原來這裡面還有那麼多的奧妙，真的等於上了一門也許這輩子都很難上到的課，總算來對地方了！」

老師接著說：「你現在的當務之急，就是趕緊去處理我交代的那兩件事，結束後我再教你接下來要怎麼做，不然在這裡也都只是在猜測而已。」

李先生離開後連夜趕回臺中，隔天就先打開自家祖先牌位並抄寫裡面的資料，然後再前往戶政事務所申請除戶。

完成這兩件事以後，他馬上用掛號把資料郵寄給老師。隔天中午一收到信件，大家立即幫忙進行資料核對的工作。

總共花了三小時才把這兩份資料核對完，只不過還有一些疑惑，得詢問本人。李先生知悉，毫不考慮，馬上坐高鐵南下高雄，前後沒超過三小時。

等他一到達，老師就說：「我們核對完除戶裡面的資料跟你家現有的祖先資料，發現有兩個問題。

第一，你明明姓『李』，那為什麼你家的祖先牌位有很多姓『郭』的祖先呢？這些郭姓祖先是怎麼來的？因為除戶裡的資料都姓李，沒有一個姓郭，所以我才需要進一步問你。第二，除戶資料裡面有三位男性倒房，這三位後續還要再做處理。」

李先生打電話詢問家中的長輩，才得知他們以前有一位李姓祖先入贅到郭家，所以連同郭家的祖先一起拜。聽到這裡，老師嘆了一口氣說：「那我知道為什麼當初在第一次問事的時候，神明直接挑明你們家祖先的問題很複雜，原因就出在這裡。」

④尋求神明協助、指示解決辦法

「如果是入贅的話，拜郭姓祖先是正確的。但我看你從你家抄的這些郭姓祖先資料，每一塊木板都只有寫『郭姓歷代祖先』，並沒有寫名字，更離譜的是，每一個郭姓祖先都一樣，只有姓沒有名字，這樣是不對的。你可以追查到郭姓祖先的除戶嗎？」

後來，經李先生詢問他媽媽的結果，原來以前他們家就已經找人處理過祖先的問題，郭姓祖先這種有姓無名的情形，就是當時處理後的結果。只是後來問題不但沒有解決，反而更加嚴重。

李先生表示已經沒有辦法申請除戶了，因為這是前幾代祖先的事，他們後代根本就不知道郭姓祖先的源頭是哪裡人。

唯一知道的只有祖先曾入贅到郭家，所以才會拜郭姓祖先，其餘的都因年代久遠而無從查考。

老師輕輕嘆了口氣說：「那這樣子好了，我們等一下請神明去找你李姓、郭姓，還有那三位倒房的祖先協調看看，再看後續要怎麼處理。這需要幾天的工夫，這件事確實很複雜，希望你別急，給神明充分的時間找你的祖先協調，過幾天你再下來問結果。」

過了五天，李先生第三次南下高雄，主要問神明協調的結果。這件事情最棘手的地方，就是這些郭姓祖先。

王博士小叮嚀

常見祖先問題&處理步驟

核對神主牌的資料與「除戶」資料後，就比較能找出究竟是出了什麼樣的祖先問題，常見的有「該拜的祖先沒拜、不該拜的祖先卻拜了」、「祖先牌位資料寫錯」、「倒房問題」、「雙姓祖先」等。

常見的祖先問題	說明	處理方式
該拜與不該拜的祖先	一定要丟掉「有拜有保佑」、「多拜多保佑」的迷思，只能拜該拜的祖先──直系血親家族的祖先。如果不是你這房（即伯叔兄弟輩已經各有後代）的祖先，就不能拜。	請「務必」配合神明的指示處理問題，不可擅自作主，以免愈弄愈糟。一般處理不該拜的祖先有幾種方式： (1)燒一些紙錢給不該拜的祖先，在燒紙錢的同時，也把這些牌位燒化掉。 (2)有些神明會指示把這些不該拜的祖先收為自己的兵馬。

		再次強調，無論是什麼種方式，一定要經過神明指示。只要神明有指示，就代表神明已經跟這些祖先協調好，才可這麼做。若無指示，則代表雙方還未協調好。
祖先牌位資料	祖先牌位上的資料一定要正確無誤，包括名字、出生日、往生日、祖先往生時的身分（如曾祖父母、祖父母）是什麼，都要據實詳細填寫。	若發現欠點的問題是牌位資料寫錯，則必須重寫。
倒房	小時候不幸夭折往生、一生未婚、沒有後代就往生等斷香火者——不管是否成年，都稱之為「倒房」。	◎男性倒房： (1)另寫一位後代子孫去奉祀（通常不會是長子或長孫）。 (2)在佛寺供奉，每逢大節要記得祭祀。 (3)辦理投胎。 ◎女性倒房： (1)冥婚。

		(2)在佛寺供奉，每逢大節要記得祭祀。(3)辦理投胎。
雙姓祖先	祖先曾經冥婚，或祖先曾被招贅，都會造成雙姓祖先的情形。	確認導致祭拜雙姓祖先的原因，以及是否有其他問題需一併處理。

如果不拜郭姓祖先，於法不合，因為這屬於「郭骨李皮」；如果要拜郭姓祖先，只有祖先的姓，而沒有祖先的名字，這又不正確。

而且更麻煩的是，所有郭姓祖先可考察的資料已經被他們之前委託處理的人付之一炬，皆無從考察了。

一連擲筊問了將近二十分鐘，神明終於指示李先生必須到臺中的松竹寺，去尋求松竹寺地藏王菩薩協助。如果能夠得到松竹寺地藏王菩薩的允諾，那事情就好辦了！

這時他問老師，到松竹寺的時候該怎麼問？老師告訴他，問神明問題首先要先講出道理，其次則要講重點，最後再問結果。

「所以，你去松竹寺的時候應該這麼做：

第一，跟地藏王菩薩說明你家祖先整件事情的來龍去脈。

第二，就坦白說是本宮廟指示你來找地藏王菩薩，祈求幫助處理郭姓祖先的問題。

第三，過一會兒再擲筊問地藏王菩薩是否已經答應協助。」

隔天李先生馬上到臺中松竹寺，按照老師所教的三大重點，擲筊問其結果。過了大約三十分鐘，果然一口氣連得三個筊數，且地藏王菩薩還特別交代他，雖然神明已答應協助處理郭姓祖先之事，但這件事還必須找媽祖幫忙。得到這種結果，他很高興地直奔高雄，洽談後續的處理事宜。

⑤問神明問題要有階段性

加上這一次，李先生已經是第四次到高雄，總算要開始處理這件棘手的祖先問題了。既然得到松竹寺地藏王菩薩的允諾，這次要問的問題也有所不同。

有一個重點要記住，就是問神明問題要有階段性：

A一開始都還不知道問題出在哪裡時，問的方向就要朝「找問題」下去問（**有沒有欠點？確定問題的源頭在哪裡**）。

B倘若問題找到了，向神請示的方向就要朝「如何解決」下去問（**確定療程，開處方箋，對症下藥**）。

C問題解決完之後，問的問題就要朝「是否已經處理完畢，還有沒有其他要注意的地方」下去問（**再一次事後評估**）。

第四次問的結果，神明已經指定好日期（一個禮拜後）要前往臺中李先生的家中，正式處理李氏跟郭氏祖先的問題。

出發前，老師對李先生說：「雖然你在松竹寺得到地藏王菩薩的允諾協助，但沒有問出地藏王菩薩的協助方法。

所以，等一下我先到你家解決完李姓祖先的事，還要到松竹寺一趟，再問一次如何協助處理郭姓祖先，這樣才有頭有尾。」

一到臺中李先生家，他的家人們早就等候多時，看得出來大家的心情都非常緊張，期待這一件多年都無法解決的棘手事件能早日圓滿落幕。

李先生在家中用擲筊的方式一連問了差不多二十分鐘，任何指示都沒有，一家人的心情也跟著緊張起來了。

老師當然知道他們的擔憂，便要他們不用緊張，神明沒有任何指示，表示其中必然有其他原因，只要把這個原因找到，接下來一切將水到渠成。果不其然，原來這一切背後還隱藏著一件令人震撼的事情：

神明指示，當時除戶裡面李家這三位倒房的祖先，因違反陰間律法，現階段被囚禁起來，無法回到李家庇佑子孫。

得知神明如此指示，李家一家人異口同聲地問：「那該怎麼辦？」

老師回答說：「不用擔心，神明若能講出問題，就一定有解決辦法。現在我先把這些李姓祖先處理完，再來問這三位倒房祖先該怎麼辦。」

按照神明交代的方法，把李姓祖先處理完畢並告一段落後，就開始問這三位倒房祖先的解決辦法。

很快地，差不多五分鐘，神明馬上就有指示了。「既然媽祖承接這件事，就會去交涉，看能否把這三位倒房祖先交保帶回來。

至於情況如何，因為你住得比較遠，所以十二天後再擲筊問家中的神明（當時李家家中有供奉三尊神明），看媽祖是否已經把這三位倒房祖先帶回來。如果帶回來了，你再下高雄一趟，看後續要怎麼處理這三位倒房祖先。」

李姓祖先的問題辦妥後，接下來便動身前往松竹寺。到達松竹寺，點香完畢後，大家全神貫注等待地藏王菩薩指示。也許是神明與神明之間已經協調好，老師只花了約十分鐘，就問出郭姓祖先要怎麼處理。

松竹寺的地藏王菩薩指示說：「你們李家祖先的問題確實是屬於『郭骨李皮』，也就是當年郭姓招贅李姓之後，繁衍所生下的李姓後代子孫，的確要供奉郭姓祖先沒錯。但目前所有郭姓祖先可查的資料，都已經不見了。要供奉嘛，資料不齊全，這樣供奉不完整；不供奉嘛，於法又不合。

我現在既然答應媽祖所託，唯一的辦法就是我收留這些郭姓祖先，讓這些郭姓祖先在松竹寺跟著我修行，以免日後斷了香火。這樣一來，對神、祖先、人這三方面都是最完善的解決辦法。」

松竹寺的地藏王菩薩處理完郭姓祖先的事情後，還賜一支籤詩給李家，主要是對李家說明，待這件事情圓滿落幕之後，他們全家未來的發展將會如何。

這張籤詩是壬寅籤：「佛前發誓無異心，且看前途得好音；此物原來本是鐵，也能變化得成金。」

經老師為李家解讀籤詩的內容及含義，李先生全家人都非常高興，一一跟老師握手，感謝他的鼎力相助。

不過，老師卻對李先生的家人說：「你們應該要感謝的是松竹寺地藏王菩薩，以及媽祖的協助；我只是配合神明，把祂們所要表達的意思，用擲筊的方式傳達出來而已。」

李先生的家人聽到老師這樣回答，都頻頻點頭認同這樣的辦事方法。就在所有祖先的事情都處理完畢，大家互相道別後，就由李先生開車載老師回高雄。

在回高雄的路上，老師還不忘特別交代他說：「你們家的事今天總算完成了百分之八十，只剩下那三位倒房祖先還沒結束。所以千萬別忘記十二天後，再問你家中的神明，那三位倒房祖先是否已經交保帶回來了。」

經過十二天後，李先生一早就很興奮地打電話來，說他遵照神明的交代，以擲筊的方式請示家中的神明，詢問那三位倒房祖先是否已經帶回來？結果得到三個筊數，那下一步該怎麼做呢？

老師就跟他說：「你應該找個時間，再下來一趟，問最後一個階段該如何處理。」

⑥最後一次問有無疏忽之處

當李先生一抵達高雄，老師便立即開始準備幫他做最後的收尾。

老師向他解釋說：「即使你家中的神明已經指示，媽祖早已經把這三位倒房祖先帶回來了，但是為了確保百分之百正確無誤，我還是要再幫你問一次，確認這件事情是否真的已經圓滿解決。」

經過擲筊再次證明，果然得到三個筊數；也就是說這三位倒房祖先確實已經帶回來了，而且也指示準備幫這三位祖先做另一種處理。老師按照神明交代的處理方法，把這三位倒房祖先妥善安置完畢。

李先生看到自己早上在家中擲筊問的結果，跟在高雄問的結果完全符合、一模一樣，也讓他不得不相信擲筊是如此的奧妙，可信度是如此的高。

也許這個結果令他非常滿意吧，這時他問說：「那麼這件事情到目前為止，算是完全解決、圓滿結束了吧？」

老師就笑著跟李先生說：「還沒結束，還差一步。處理事情不可以馬馬虎虎，應該再問一次神明，整件事情從一開始處理到目前為止，我們有沒有任何疏忽的地方？以及還有沒有需要注意的地方？這樣才算是真正在問神明問題，一定要嚴謹，如果有半點疏忽，後果也許會不堪設想。」

最後一次問的結果，神明指示到目前為止，沒有任何疏忽的地方。不過，有六件事要特別交代李先生一家人。

「第一，過去李先生的事業不如意，以及家中的不平安，起因都是這三位倒房的祖先。

第二，如今已經處理好，媽祖也特別跟這三位倒房祖先交代，一定要保佑你們李家後代子孫平安、事事順利。

第三，你家中的神明會時常來向媽祖請益，如果家中的神明爐出現異常，就表示祂們有事要說，那時你要知道問祂們問題。

第四，你家中所有祖先之事，皆已完全處理好，心裡不需要太擔憂與多慮。

第五，若你們有同室宗親問起這件事，一定要公開透明，如實告知，不可隱瞞，這才是正道。

第六，媽祖已經跟你們家祖先講好，他們也答應神明，在七個月內幫助你事業一切順利，接下來睡眠問題也會跟著慢慢改善。」

聽完神明最後交代的這六件事情，李先生心裡感慨萬分，一直對大家說：「若能早一點認識你們，也許我的人生就不是今天這個樣子了。」

老師安慰他道：「不如意都過去了。如今事情也處理完畢，再加上你祖先也答應七個月內幫助你事業一切順利，你應該高興才對。」

也許是事情即將圓滿結束，所以彼此的心情也輕鬆了許多。在閒聊泡茶之時，李先生忽然說：「我今天總算知道，我以前的觀念是錯誤的；擲筊的確沒有那麼容易，若無幾十年的經驗承載，真的沒有辦法像你們一樣，可以用擲筊的方式問神明問題及處理事情，實在很不簡單！」

⑦頭痛醫腳，腳痛醫頭

自李先生離去後算起的第三個月，他南下高雄談一筆生意，趁著空檔，專門過來宮裡聊聊天。

他非常高興地跟大家說這段期間他已經把所有負債都還清了，現在談的每一筆生意，幾乎都會成功。他沒想到祖先的事情處理前跟處理後，事業會差這麼多，而且晚上睡覺也比較好入眠了！

李先生很好奇地問老師：「為什麼祖先的事情處理好，我的事業跟身體就有明顯的進展與改善？這兩者有什麼關聯呢？」

老師笑說：「你問得很好，大多數人也都不明白這個道理，才會一錯再錯。這麼多年來，我處理過上萬件疑難雜症，有百分之六十的事都跟祖先有關聯。這個道理就好像有一個人，因為眼睛不舒服去看中醫。中醫看完診之後，替這位病人開一些治肝的藥。病人於是問中醫師說：『為何我的眼睛不舒服，你卻開治肝的藥呢？』這位中醫師於是向他解釋道：『因為你眼睛的問題來自肝臟的影響。在中醫學裡，肝開竅於目，所以肝才是引起你眼睛問題的根本原因。因此，要先把肝治療好，才能治療你的眼睛。如果先治療你的眼睛而不是肝，眼睛的問題雖然可能會好，但過一陣子還是可能會復發，因為根本問題並沒有獲得解決。相對地，如果肝沒問題了，也許你的眼睛自然就會好了，這都是有可能的。』

再用簡單一點的方式來解釋，這就好比你的手上有一個傷口，這傷口裡面有一根『刺』。如果不把這根『刺』先拔出來，而後再治療傷口的話，即使這傷口的表面好了，內部還是不會好，甚至有可能從裡面開始潰爛。

所以我們擲筊問神明問題，絕對是先問那根『刺』是什麼、那根『刺』在哪裡？你家裡不平安、睡眠不好和事業不順利的那根『刺』，就是你們祖先的問題。因此首先要處理好你們家祖先的問題，再來談如何使你的事業順利。事業順利了，睡眠也就跟著改善，這樣的處理程序才是正確的。」

李先生聽完老師的解釋，感嘆地說：「我直到今天才知道什麼叫做『天外有天，人外有人』。過去從沒有人分析過這些原因，大多只是看到問題，就針對問題處理，並沒有去查明引起這問題的『根』到底是什麼。或者有些人會跟你說原因在哪裡，但就是無法幫你處理好，事情才會拖延那麼久，處理過那麼多次，都無法解決，原來原因就在這裡。」

老師則回答說：「神明若說出了問題的原因是什麼，就有辦法解決；如果沒有辦法處理，祂是不會做任何指示的。此外，事情若沒有查到百分之百正確，神明也不會做指示，因為這樣反而容易誤事。」

李先生很高興地說：「我懂了，這就好像一條打了好幾個結的繩子，我們要從第一個結先解，再依序解其他的結。」

老師笑著對他說：「沒錯，現在你已經學會要怎麼問神了。」大概閒聊了半小時，不知不覺天色已晚，李先生還要趕回臺中，於是大家彼此握手道別。他離去時的背影以愉快的步伐，似乎正告訴著大家，他的人生在此時此刻，重新開始了。

問神不敗圖解案例

狀況：事業不順外加身體愈來愈差，想前來詢問身體事宜
→先前已去過多個宮廟，但無法如願解決問題

↓ **釐清問題**

按照案例的意思，從身體開始問起：但問了二十分鐘後，卻無任何指示

↓

轉了個方向後，神明表示身體問題的根源出在事業，並且要賜籤詩補充說明→籤詩說明事業的不順是因為一根刺——欠點造成的

問事心法1
沒有任何指示時，切莫心慌以為神明不願幫忙，可換個方向試試看

↓

問出欠點何在→經查證欠點出在祖先問題，並且涉及複雜的「除戶問題」

問事心法2
問出主因後，便要配合神明耐心處理，才能讓事情圓滿落幕

↓

配合專業人員和神明的指示，謹慎處理祖先牌位事宜→事情完成後，要再次確認是否有所遺漏，或者是否有後續交代

導致失敗的問事地雷

複雜的祖先問題

在問事的過程中，常有人建議應該燒掉不該拜的祖先，請留意，此時一定要擲筊請示神明，也要確實得到三個聖筊才能執行。自做主張燒掉牌位，很容易招來不好的影響。

常見欠點

神位

在一個下著毛毛雨的夜晚，一位媽媽帶著她的兒子來到宮裡。她跟我們說她兒子長期精神很不好，工作無精打采，導致有一天騎車上班途中車禍摔傷了腿。

很奇怪的是，在這個車禍之後，又連續好幾天頻頻發生一些小車禍。她帶兒子去看醫生也一直沒有起色，因此覺得這些事情好像有點不單純，於是帶著兒子來問，到底是什麼原因導致他精神狀況有問題。

大約過了半小時，老師跟這位媽媽說：「因為妳兒子已經看過醫生，那我就先幫妳問他精神方面的問題，是不是有什麼『欠點』造成的？如果是『欠點』引起的話，我再幫妳問怎麼處理。」

這位媽媽手拿著筊，老師念完問題後，她立刻擲了下去，結果得到三個筊數，也就是真的有「欠點」。

老師對她說：「妳兒子精神方面的狀況的確是因為『欠點』，所以妳兒子看醫生一直不見成效。沒關係，妳先不用憂心，既然神明指示是欠點導致的，接下來我們先請示這個欠點在哪裡。」

老師一連問好幾個欠點因子都沒有任何回音，於是問這位媽媽說：「妳家裡有神位嗎？」她回答有。

聽到有神位，老師繼續問這個欠點是不是神位？結果確實是神位沒錯。

老師接著說：「只要問到是神位出問題，通常我們都會親自去看一下，以求證這個欠點是在神位的哪裡。看過之後，找出癥結點，還要再問神明是不是我看到的這個問題。若神明說是，那就百分之百正確了。」

這位媽媽一聽，跟老師說：「你們這裡問事情嚴格，辦事情也很嚴謹。我十分認同你們的作法，這樣多方、多次求證，才不會有任何疏忽。」

隔天早上，老師便前往這位媽媽的家中。他們家的神位放在三樓，到了三樓的神明廳時，老師先看整個環境，然後拿出羅盤對方位，直到整個勘查程序結束，才對她說：「妳家這個神位確實有欠點，而我目前看到的有兩個：

第一，神位正上方有一支樑，這支樑正壓住這個神位，這種情形以堪輿的角度來看，是一種忌諱。

第二，當我以羅盤測量神位的方位時，發現整個方位有錯誤。因為妳家是正東西向，也就是坐東朝西；如果是這種方位的話，神位不應該這樣安置。

我目前看到的就是這兩個欠點，接下來我們得回去再問神明，看看是不是這兩個欠點，以及還有沒有其他欠點。」

回去確認是這兩個欠點後，老師再問除此之外，還有沒有其他欠點？結果是只有這兩個，沒有其他的了。這位媽媽問老師下一步要怎麼做，老師告訴她說：「妳不用擔心，只要神明敢講出問題出在哪裡，祂自然就有解決的辦法。

現在我們要做的是選定一個日期，然後我再配合神明的指示到妳家中，把妳家的神位調整後再重新安座一次。」

聽到老師的解釋，她連聲地說謝謝。

之後，老師依照指定的日期及神明交代的方法，前往這位媽媽的家，把她家中的神位重新處理，在早上巳時（早上九點至十一點）安座。

她問老師，如此就大功告成了嗎？

老師則跟她說：「這樣還不算結束。神位安座後，我們還必須在這神位前，請示你們家的神明，看調整之後和安座的情形，祂們是否滿意，或者是否還有其他要指示與交代的地方，整件事情才算圓滿結束。」

老師慎重地幫這位媽媽最後一次請示神明，神明連續給她三個筊數——重新安座以後神明再給三個筊數，其意義也就是再一次地表明，這次神位調整完全是正確的，更能再度證明當初神位的欠點，確實是引起她兒子精神狀態不佳的主因。

這時老師很嚴肅地對她說：「我們配合神明幫人處理事情，絕不可以加油添醋，也不可以自做主張，想怎麼做就怎麼做，而是要事事配合神明的指示進行，才不會耽誤大事。」

整個神位的欠點處理完後過一個月，這位媽媽再帶她兒子來我們這裡時，除了感謝之外，還告訴老師她兒子身體與精神狀況已經明顯好轉，並且對老師說，她第一次見識到用擲筊的方式問事與解決事情，更難能可貴的是處理事情的過程非常嚴謹，一點都不隨便。

老師聽完，笑一笑對這位媽媽說，濟世救人，一點都不能馬馬虎虎，稍有疏忽，就會害了別人的一個家庭。所以，我們時時告誡自己，幫人處理每一件事情，都要很謹慎。

王博士小叮嚀

小心處理神位之事

1問事若問到問題是出自神位，最好請專業人員親自去查看，以確認這個欠點是在神位的哪裡。

2看過神位之後，再請示神明是否是我們觀察到的這個問題。

3確認問題、依照神明指示重新處理神位之事後，還要在這神位前請示家中的神明，是否滿意調整和安座的情形、還有沒有其他欲指示與交代的地方，才算圓滿結束。

問神不敗圖解案例

狀況：兒子的精神狀況不佳，導致最近車禍頻頻，看過多次醫生也沒有起色

→經判斷適合來問神

↓ **釐清問題**

既然已經看過醫生，就從是否有欠點問起：經擲筊確認精神狀況不佳確實因欠點而起。

↓

經擲筊確認，欠點在於家中神位→遇到神位問題，最好能請專業人員去家中親自確認，以找出事出何因

↓

老師親自前往家中後，果然發現神位有兩個欠點→仍舊要向神明確認欠點是否確實跟老師判斷的一樣

↓

按照神明指定的日期和方法，重新處理家中神位（安座）。最後要記得請示家中神明，是否滿意調整後的情形

問事心法

就算看見了明顯的欠點，仍要抱持著懷疑精神請示神明：這是否就是欠點？還有其他的欠點嗎？

導致失敗的問事地雷

謹慎點不出錯

問事難免會遇到很專業的講法，身為門外漢的我們很難判斷時，不妨擲筊請示神明意見，正信又經得起考驗的問事者一定會很樂意讓當事人擲筊確認。

在一個炎熱的夏夜，一對三十多歲的夫妻來到宮裡。先生進來時，走路好像有點困難，彷彿腳底有什麼東西似的，不敢太用力踩下去。當他到椅子坐下休息後，他太太對老師表示要問她先生的身體——她先生的腳有一點問題。

婦人蹲在她先生面前，抬起他的腳讓我們看。一看到這位先生腳底的情況，我們還真的嚇了一大跳：

他腳底大約百分之九十的面積皆有傷口，這些傷口就如同被火燒過一樣呈焦黑色。特別奇怪的是，這些傷口大部分都已經硬掉而裂開，好像一條番薯烤太久而乾裂一樣。

老師於是問婦人說：「妳先生腳底的情形有多久了？」

她回答大概有一年多了，這一年來跑遍全國各大小醫院治療都沒有效果。大部分的醫院也檢查不出什麼原因，現階段的治療就是用乾冰打在這些傷口上，讓這些傷口乾硬掉而自動剝落。起初效果不錯，但傷口剝落後約一個禮拜，又會重新出現新的傷口；等到新傷口出現以後，再用乾冰打在這些傷口上——整個醫療過程就這樣一直不斷循環，到今天已經一年多了，走起路來很不舒服。

他們心想，根本問題一直沒獲得解決，再這樣下去也不是辦法，才想來問看看到底是不是有什麼其他問題。

①宗教不能隱瞞

既然已經看過一年多的醫生都沒有效果，那麼現在來問到底是什麼原因的話，就有充分的合理性跟正當性了。

老師跟這對夫妻說：「首先我幫妳問妳先生腳底的情形是不是有什麼欠點所引起，如果是的話，我們再繼續進入另一個階段的問法。」

經過約五分鐘，神明終於指示這位先生腳底的情形確實是因欠點引起，而且還指示這對夫妻說：「至於是什麼欠點，由於你們身為晚輩，有些事情無法作主，所以目前還不能說出這個欠點到底是什麼。如果要了解的話，必須找父母親一起來，才可以說出原因。」

老師這樣一說，這位先生馬上面有難色地問：「非得要父母親來嗎？我們配合處理不就可以了？若真要告訴父母親，我不知道這件事還能不能處理。」

聽到他這樣說，老師反問道：「你為什麼不想跟你父母親說呢？」

一問之下才知道，原來這位先生之前就找過其他地方處理，花了很多精神跟金錢，但腳底的傷口非但沒好，反而更嚴重，造成父母親現在不太相信他說的話。必然地，父母親總會認為孩子年紀還小，經驗不足很容易被騙——尤其是宗教的事。因此，這位先生一聽到自己不能作主時，心裡的第一個念頭就是要隱瞞他的父母，在不讓他們知道的情況下，自己偷偷的把事情解決掉。

知道他的顧忌，老師立刻開導他說：「我能夠體會你的顧慮跟感受，但是這要求我沒有辦法答應，也無法做到。神明指示要讓你父母親了解，一定有祂的原因。更何況，這其中除了尊重與注重倫理之外，我們辦的任何一件事都應該要公開、透明，並無任何隱瞞。

如果今天偷偷摸摸處理這件事，會讓大家感覺這裡很不正派。現今社會上有些宗教——尤其是道教，已經被披上一層神祕且詭異的面紗，我們現在要做的應該是把這層面紗消除掉才對。你應該尊重父母親，要坦白、毫無隱瞞地跟他們說明清楚。

先不用擔心他們會不會答應，如果你父母不相信，可以叫他們到相信的地方二次求證，就會知道我們講的是否屬實。你應當這樣做，而不是欺瞞父母親，這絕不是神明所希望的，也不是一個正確的宗教信仰。

正派的宗教是經得起考驗，也經得起大家驗證的，只有內心有鬼的人，才會希望讓愈少的人知道愈好，你說是不是呢？更何況，神明做任何事情，絕對不會用偷偷摸摸的方式。所以，我建議你不用擔心，還是先回去把整個事情的來龍去脈跟你的父母親老老實實說個明白，這樣的作法才對。」

這位先生看老師如此堅持，只好回去向父母親說個明白。說也奇怪，他原本以為父母會極力反對這件事——尤其是他爸爸，過去對這種事非常反感——沒想到說明事情原委後，他爸爸一口氣馬上答應要過來了解，讓他驚訝萬分。

②找出問題點

之後，連同這位先生的父母親和他的兄弟姊妹，他們全家七位都到齊，一起來到宮裡。

老師把事情做了說明後，這位先生的父親忽然對老師說：「不瞞你說，過去我們家因為宗教的事不知道已經被騙多少錢了，導致我一直對這種事非常反感。但你的一句話——要我的孩子找我跟我太太一起過來了解——令我很放心，也讓我們做父母親的覺得受到尊重。」

老師聽完後回答他，宗教信仰本來就應該光明正大，如果是「關門掩戶」的信仰，就不足以稱之為光明正大。這位父親聽完後，頻頻點頭表示認同，繼續問：「今天我全家到齊了，接下來要怎麼問呢？」

老師對他說：「剛開始是因為你兒子腳底的情形，所以問神明究竟是什麼原因造成的，結果上次指示有欠點。今天就要繼續問這個欠點是什麼？若能把欠點找出來，那麼要處理你兒子腳底的傷口就不是很大的問題了。」

經他們一家人認同後，開始進行下一個階段的問法：把欠點找出來。

過了差不多十分鐘，神明終於指示這個欠點是出在風水方面，並且指明是這位先生的爺爺的風水有問題。於是，老師停下來問這位先生的父親一些問題。「指示的結果說，你兒子腳底的情形是你爸爸的風水有問題造成的，因此，我必須進一步請問你爸爸當初往生時，是採用土葬還是火葬？」

這位父親回答，當初他爸爸採用土葬，若干年後已撿骨放在一個骨灰甕裡，並在這個墓穴中央用水泥建造一個四方體的空間，把他爸爸的骨灰甕放在裡面，最後再蓋上兩層蓋子，用水泥把這個四方體的空間完全密封。現在骨灰甕還埋在原來的墓穴裡。

聽了他的詳細解釋，老師跟他說明道：「我們已經問出這個欠點在於風水，而且與你父親相關。我剛剛之所以問當年是採用土葬還是火葬，是因為若是風水有問題，土葬與火葬的欠點會不一樣，欠點不同，問法也有差異，必須先了解一下，才有方向繼續問。現在我已經大致了解整個風水的狀況，接下來就要針對你爸爸這種風水的情形問下去。」

再過了約五分鐘，終於問出這門風水問題是出在「漲土」❸。聽到這個結果，這位先生的父親問說：「有可能嗎？那個空間是內、外用兩層蓋子，再用水泥完全密封起來，邏輯上不太可能會跑進去任何東西才對，何況是土。」

老師回答說：「這件事茲事體大，還是你要到別的地方求證，以確認百分之百正確？」

經過全家討論後，他們決定接受指示，並準備後續重整風水之相關事宜。這時，老師對他們一家人說：「既然你們認同，那麼我就接著再幫你們問應該要如何處理。」

③有法便有破（解決方法）

這個階段是延續上一個而來，也就是要問出解決的方法。後來神明指示好幾個解決步騾，除了選定日期處理之外，神明有一點要特別交代他們全家，「把四方體裡面漲的土拿回來，拿回來之後，再做下一個階段的處理。」

依照選定的日期，這位先生全家跟著撿骨人員到達墓地，跟撿骨人員說：「等一下把裡面的漲土留下，我有其他用途。」撿骨人員卻說：「墳包都還沒打開，怎麼知道裡面有漲土？」聽到對方的反駁，這位先生無言以對，只好不說話。

當撿骨人員打開這個四方體，確實看到有土跑進去，還快漲到骨灰甕高度的一半時，也嚇了一跳，驚訝地說：「見鬼了，真的就像你說的，裡面有漲土！」待整個工作結束，這位先生按照交代，把漲土拿回去，準備做下一階段的處理。

在風水重整工作完成後，這位先生一家人馬上又來問這些土該如何處理。經過問神，大家才知道原來這些土可以治療這位先生腳底的傷口。依照指示，大概經過十五分鐘處理腳底傷口的程序，神明最後交代整件事情已處置完畢，再過一些日子，腳底的情形如何自然就會知道。兩個月過後，這對夫妻在一個禮拜六的晚上來找老師聊天，先生很高興地跟老師說他腳底的傷口已經快好了。聊了兩個多小時，天色已晚，這對夫妻也準備要離開，從這位先生走路的情形看來，跟第一次來宮裡時已完全不同，可以用健步如飛來形容了。

❸放骨灰甕的那個密封的四方體空間裡面跑進去很多土。

問神不敗圖解案例

狀況：腳底的皮膚一再治療，卻始終無法痊癒
→所以判斷可以來問神

↓ 釐清問題

既然已經有過多次治療，便可從是否有欠點問起：經擲筊確認有欠點，並表示要請家中長輩到場才能進入下一個階段

問事心法1
若神明請家中長輩到場，代表問題屬性重大，不是晚輩能作主的。雖然較為麻煩，仍務必盡力說服長輩前來

↓

長輩和家人來到宮廟後，再次請示欠點何在→神明指示欠點出在爺爺的風水上

問事心法2
若對神明的指示有所懷疑，不妨前往別的宮廟再次確認

↓

向神明問出如何解決爺爺的風水問題

↓

依神明選定的日期著手處理風水問題，並在神明的指示下將漲土帶回來，順利治癒了腳底的傷口

導致失敗的問事地雷

多重確認的重要
此案例中，神明指示欠點主要出在土葬的風水上，因為茲事體大，不放心時，也可以前往別的宮廟擲筊確認。

常見欠點

住宅

在元宵節的前一天晚上，一位看起來大概七十幾歲的老先生提著一籃水果走進宮裡。他什麼話都沒有說，只是默默坐在椅子上，好奇地看著其他正在問事的人。

約莫過了兩個小時，等大部分的人都離開了，他才開口對大家說想問一些事——因為身體方面近年來陸陸續續出現一些狀況，尤其是頭痛，困擾他整整兩年了，看遍醫生也不見任何成效，而且在最近半年期間，還有愈來愈嚴重的趨勢。

①到底是什麼原因造成頭痛

老師對這位老先生說：「你頭痛的問題既然看過醫生，那就可以問到底是什麼原因造成的。癥結一找出來，事情就會比較明朗。」

十分鐘過後，神明終於指示這個欠點是出在老先生的住宅方面。老師對他說，一般神明指示是住宅有問題，大都先暫時問到這邊，接下來須親自到現場看一看，找出問題點後，再回來問是否確實是這個問題，這樣的作法比較保險。

聽完建議，老先生邀請老師隔天一早到他住的地方一窺究竟。

翌日，依約定時間來到老先生家，將住宅內、外整個環境仔細檢視一番後，終於找到問題所在。

老師站在門口說：「最主要的問題應該是出在『壁刀』，也就是對面大樓的牆壁邊剛好不偏不倚地對著你家大門口，依風水學角度來看確實有問題，住在裡面的人身體比較容易出狀況，運勢也較不順遂。不過為求正確，回去還是再問一次神明，確認是不是我們今天看到的問題。」

②多次求證以求百分之百正確

從老先生的家回來，馬上再次進行求證。

這次問法跟上次不同，以更加明確的方式問說：「老先生頭痛是不是因壁刀而引起？」馬上就得到三個筊數。

老師於是解釋起整個過程，「昨天神明已經初步指示你頭痛是住宅有問題。今早去你家看完整個環境，初步檢視是壁刀導致。但為求百分之百正確，所以再經過剛剛的進一步確認，現在已經完全肯定你頭痛的原因就是壁刀。」

看到這種結果，老先生長長地嘆了一口氣。「今天我總算心服口服了。從昨天到今天，兩次問神驗證的結果完全一模一樣，確實是住宅有問題。整個擲筊的過程，都是我親手所擲、親眼所見。這樣的問事過程，很仔細也很嚴謹，正是我所期望的。雖然要有一點耐心，所得到的答案卻百分之百正確。」

老先生繼續問說，「那該怎麼處理呢？」

「你不用操心，我處理過很多住宅壁刀的問題，只是每個人的情形多少都不一樣，我之前使用過的方法不一定適合你。以防萬一，我還需要再問問神明哪一種解決方法比較適合你，怎麼做對你比較好。」

經過十幾分鐘，神明最後指示出幾個方法解決老先生的住宅壁刀。依照指定的日期與方法，花了一個下午的時間，終於處理好這棘手的問題，處置妥當後，接下來就要看老先生頭痛的症狀是否改善，再做後續評估。

王博士小叮嚀

小心處理住宅之事

1 如果神明指示是住宅方面有問題，接下來就必須請風水方面的專業人員親自到現場查出問題所在。

2 到現場看完並找出問題後，再回來問神明是否確實是這個問題，會比較保險。

3 依照神明指示，選擇最適合自己情況的解決方式。

③做人要飲水思源

就在這件事情處理好後的一個月，某個星期天下午，這位老先生跟他兒子走進了宮廟。他兒子很開心地跟大家說，爸爸頭痛的問題已經改善很多，這幾天一直吵著要過來，說來這裡讓他很有安全感。

老師笑著問老先生說：「為什麼這裡會讓你覺得很有安全感呢？」

他回答說：「其實第一次來這裡看你們幫人問事及處理事情時，我心裡就在想，你們用擲筊的方式問事，跟其他地方很不一樣。而且根據我的觀察，你們問的問題非常有邏輯，雖然要花一點時間，但是整個過程很合理，也讓人覺得不迷信。」

這時候，他忽然一臉嚴肅的繼續說道：「坦白說，來這裡之前，我因為頭痛已經問過好幾個地方了。

一聽到親戚還是朋友推薦或介紹哪個地方，我就會跑去試試看；這些地方沒有一間是用擲筊的方式問事。有些地方說的答案，連我自己都覺得非常荒謬且無法接受，只是當時我沒有能力處理頭痛的事情，加上抱著姑且一試的心態，最後只好完全照著做，然而，頭痛不但沒有獲得改善，反而愈來愈嚴重。不瞞你說，當時我問神都已經問到怕了，花了多少錢那更不用說了。

不知道你還記不記得？我第一次來的時候，就先坐在旁邊觀察你們如何幫人問事。從開始到結束整個過程，說實在的，真的很少有人像你們這樣，那麼有耐心地幫任何一個要問事的人，從解釋籤詩到最後的結論，都是那麼仔細、清楚。

這種情形讓我回想起我當時去看醫生，有的醫生只稍微跟你說一下病情，前後不超過十分鐘；但有些醫生會花上半小時，非常仔細地解釋病情——同樣都是醫生，也同樣都在看診，卻有如此的天壤之別！」

老師聽完後，對他說：「什麼人才會來問神呢？大多是已經遇到困難，或者是已經受到傷害的人吧！我們如果再不仔細處理，豈不是讓這些困苦的人再受第二次傷害？這樣有違良心的事，我們做不出來。

今天你頭痛的問題已經得到改善，我們也很高興，不過你應該要感謝的是神明，沒有神明奔波及背後的幫忙，我們根本什麼事也做不成。做人應該要飲水思源，對吧！」

「沒錯，沒錯！」這位老先生哈哈大笑的回應老師。

問神不敗圖解案例

狀況：半年來頭痛愈來愈嚴重，看醫生也沒有好轉
→經判斷可以來問神

↓ **釐清問題**

從是否有欠點問起：經擲筊確認後，頭痛問題確實由欠點引起

↓

神明指示欠點出在住宅方面→問事暫時告一段落，須親自前往家中確認住宅方面的問題何在

↓

到家中確實了解住宅方面的問題後，再次請示神明判斷是否正確→得到三個聖筊，判斷無誤

↓

請示神明如何解決，並在解決後觀察頭痛是否得到改善，再做事後評估

問事心法1
假使遇到住宅方面的風水問題，通常都需要請專業人員親自走一趟家中，才能找出原因

問事心法2
就算專家說出來的原因已是專業判斷，仍要不嫌麻煩的請示神明是否無誤，才夠謹慎

導致失敗的問事地雷

住宅風水宜求教專業人員

住宅風水的處理方法有許多種，但未必適合每一種案例，須請示神明最適合的處理方法，才能圓滿解決問題。

真病（無欠點）的問法

在一個暑假的夜晚，天空正下著大雨，街道的路燈顯得黯淡許多。就在此時，一位年輕人帶著他媽媽走進來。婦人臉色看起來很憔悴，沒什麼笑容，而且眼睛佈滿血絲。年輕人一進來就跟老師說：「老師，我是朋友介紹來的，我媽媽已經身體不舒服一陣子了，看醫生都沒有成效，想來問看看到底是什麼緣故。」

原來，這位年輕人的母親在一年前就開始有偏頭痛的症狀，不管是西醫還是中醫，不論止痛藥還是中藥，或是什麼百年祕笈、偏方，都看過也遍嚐過，最後都沒什麼效果，而且好像有愈來愈嚴重的趨勢。

同樣的問題不要重複問

「已經看過醫生的話，那等一下幫你問問看。不過，我還是要先跟你說明一下，我們這裡主要是以擲筊的方式在問事情，時間可能會比較久。這種方法比較能夠真正傳達神意，所以要有耐心，不知道你能不能接受？」

這位年輕人非常贊同這種問事方式，毫不考慮就回答老師說：「我是朋友介紹來的，他早已跟我說過這裡的問事方式跟原則，我是認同才到這裡的。」

「既然如此，那我們就開始幫你母親問問看。」

既然已經看過醫生，就可以先朝有沒有欠點這個方向去問。老師問了大概五分鐘，結果神明指示這位媽媽頭痛是屬於真病，也就是沒有任何欠點。

年輕人聽到神明做這種指示，馬上就問老師說：「那會不會是我家中的神位或祖先有問題，才造成我母親開始頭痛？」

老師回答他說：「欠點其實包含了你剛剛講的神位或祖先等，適才神明並沒有指示跟那些有關聯，假如跟欠點沒有關係，就不要懷疑那個方向。」也許是心疼母親或心急的緣故，年輕人一直非常堅持有其他因素造成他母親頭痛。

老師了解這位當兒子的心很急，但該教育的時候還是要教育，就再一次教導這位年輕人道：「你可能對問神比較沒有經驗，不過你今天既然來這裡，我就有義務教你一些問神的正確觀念。剛才擲筊所問出來的結果（沒有欠點），都是經由神明仔細調查後指示出來的。一旦神明接受你要問的問題，祂們就會『全方位』的去幫你調查，其中還包含查你全家、神位、祖先等。

人也許會有疏忽之處，但神明不會。明明沒有欠點，而你偏偏要一直問到有欠點為止，這種想法是不對的。好在你是來這裡問，如果你不幸遇到不正派的宗教，這些人抓到你心慌意亂且一心一意想趕快處理好問題的心態，那他們叫你怎麼做，你就會照著做；要你花多少錢，你就真的掏多少錢出來。一個人會上當受騙，大部分都是來自這種心態。」

老師繼續對年輕人說：「遇到事情，心裡切勿急，切莫慌，盡量要使自己意念集中。為什麼？因為只要心裡一急，就會慌。慌，腦就會失神；神一失，意志力就弱；意志力一弱，就變得毫無判斷能力。這是一連串的心理反應。

所以，當我們真的面對重大事件時，首先要告訴自己不能自亂陣腳，以穩定的心、冷靜的頭腦，來思考因應之道。當然，真到那時候要做到也許很難，但至少不要讓自己到六神無主的地步。

問神有一個重點：真正以濟世救人為主的宗教，不會說要花多少錢才能解決事情。因為這看起來就好像是以錢的數目來決定事情能不能解決，況且如果問事者的經濟有問題時，又該怎麼辦呢？想一想，神明是慈悲的，是體恤眾生的，所以祂自己會評估，而且總是會在我們所能負擔的能力範圍內幫我們處理事情。因此，如果神明指示你母親頭痛並不是因為欠點而引起，就不要一直重複問『有沒有欠點、有沒有欠點』。」

這位年輕人像是上了一門宗教及人生的課，也似乎明白了許多問神的正確心態，於是繼續問老師，那現在應該要怎麼問呢？老師教他，倘若不是因為欠點而引起，就屬於「真病」。既然是真病，那就要找醫生。

「現在應該問神明哪裡有貴人可以治好你母親的頭痛。」

真病問法方向

過去有很多信徒來問也都是真病，問神明這方面的事時通常會朝幾個方向去問：

1貴人方位——哪裡可遇到相助的貴人

東西南北（以個人住家為中心點），每個人的時運走到什麼時間與空間交錯時，都會產生不一樣的結果。有相生，有相剋；有利之方，也有不利之方。

2醫院——找到最適合的醫院

如果自己已經先查好幾所醫院的資訊，但不知選擇哪間，這時就可以請神明幫我們調查，問問神明哪間醫院比較有貴人相助。

3醫生——哪位醫師對你最有幫助

有信徒曾因腫瘤問題需開刀，在有好幾位醫生可選擇，但不知道要選哪位的情況下，經由神明調查指示出哪位醫生開刀會比較順利、有希望（前提需有那一科醫生的資訊）。後來這位信徒開完刀後，我們去醫院探望他，他的家人告訴我們開刀結果一切順利。那位醫生在得知是神明指定他執刀後深感榮幸，特地跑來我們這裡向神明燒香，以表感恩之意。

4 痛運——當沒有欠點又找不出貴人方向、醫院時

過去有一位老太太因為右手痠痛而煩惱，看了一段時間的醫生都不見成效而來問神明。神明調查後說沒有任何欠點，也沒有指示貴人方向跟醫院，只賜了一張籤詩指示這位老太太，這是她的一個痛運④，痠痛的情況在六月就會自然康復（當時是五月中旬）。結果在六月中旬，老太太右手痠痛的情形便奇蹟似的不藥而癒了。

老師對年輕人說，如果現在要繼續問，就應該朝上面那幾個方向來問，而不是一再問重複的問題。

聽完老師的解釋，他也認同這種問神觀念。

果不其然，神明指示這位年輕人的母親的貴人是在北高雄的一間醫院，並且還特別指示，之前治療沒有成效的原因，不僅是找錯貴人方向，更重要的是看錯科；這兩項錯誤加起來才導致這個症狀一直拖到現在。

後來這位年輕人遵照神明的指示，帶著母親前往指定的醫院及科別，經過一個月的治療，偏頭痛的情形已經改善了許多。

這對母子後來時常來宮裡找大家聊天，某一次，年輕人對大家說，他從這次經驗中學到

④這輩子註定要承受的痛，但通常不會很嚴重。

了要怎麼問神明問題，真的不只是要學會思考而已，問的問題還要有邏輯，更不能毫無目標的亂問。

老師笑一笑對他說：「這就是我們這裡問事的宗旨與原則——完全傳達神意，絕不加油添醋。」

問神不敗圖解案例

狀況：一年前開始有偏頭痛的問題，中西醫和偏方都試過，卻愈來愈嚴重

→經判斷可以來問神

↓ **釐清問題**

從是否有欠點問起：神明表示，老母親的偏頭痛為真病，並非由欠點所引起

問事心法

若神明指示確實沒欠點，就要換個方向詢問，切勿固執己見

↓

真病的問法：（1）貴人方位 （2）醫生（3）醫院 （4）痛運

↓

神明指示出應該求診的醫院和科別，偏頭痛在一個月後改善許多

↓

請示神明如何解決，並在解決後觀察頭痛是否得到改善，再做事後評估

導致失敗的問事地雷

看了那麼久都不好，一定有欠點

有時候，我們會帶著心裡認定的答案前來問事，明明沒有欠點，卻堅持問題出在欠點身上，這樣的心態很容易讓自己自亂陣腳，增加問事失敗的機率。

久病父親的心願

農曆七月前的最後一個問事日，宮裡來了三位中年的姊妹與她們年邁的老母親。四人坐下來之後，由這家的大姊率先道出今天前來問事的目的：

「我爸爸已經高齡八十幾了，兩年前突然中風倒下，緊急送醫之後做了氣管切開手術，至今一直靠著插管在維持生命。我爸爸中風的當下，我們捨不得父親離開人世，一時之間沒有多想什麼，只求能盡全力保住爸爸的性命。

這兩年以來，我們眼睜睜看著爸爸年邁體衰，無法正常生活，只能躺在病床上，以插管維持生命，不禁開始懷疑：我們這樣的決定，到底是孝順，還是折磨？每每望著父親的病容，再想到人生的離別，種種矛盾便在內心交錯，於是今天姊妹齊聚，帶著媽媽前來，請神明慈悲指引我們一條明路。」

神明的答案常跟人的意料不同

聽完敘述後，我先是簡要的向神明稟報相關重點，隨即請示神明老弟子的狀況。

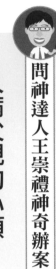

然而很奇怪的是，在經過約莫十多分鐘的擲筊後，神明對老弟子的身體、本運、家運方面，都沒有給予任何指示。

此時，突然有個念頭在我的腦海中閃現，「是不是這位老弟子有心願未了，無法安心放下？」

我立即朝著這個方向請示神明，果不其然，負責擲筊的大姊一把筊擲下去，立刻得到了三個聖筊，看到這樣的結果，許久沒得到答案的姊妹三人心情終於變得比較放鬆，原來老先生是因為有未了的心願，所以才遲遲無法安心離世。

按照問事的原則，一旦神明指示出問題的關鍵在於老先生有未完的願望，便一定要將這個願望問出來，才算是完整的問事流程，如此老先生才不會繼續受苦，也不至於抱著遺憾離開人世間。

多方探討問出真正的根源

於是我開始一一向神明請示，老先生未了的心願究竟是什麼：是不是子孫未婚？或者是還沒有享受到含飴弄孫之福，擔心無法向祖先交代？然而，不論我怎麼問，神明始終都沒有賜下聖筊。

就在我低頭思索的同時，我的眼角餘光不經意飄向坐在一旁、神情落寞的老母親，於是我開口詢問老母親說：「是不是老弟子放心不下妳，擔心走後沒人照顧老伴，所以捨不得離去呢？」

大姊於是把筊擲了下去，就在此時，三個聖筊落地的聲響在廟裡迴盪，打破了原本的一片寂靜，在場的人看到神明如此回應，都紛紛為老先生顧慮老伴的深切之情動容不已。

最後，我為了確認老先生是否還有其他的願望，於是請示神明說：「老弟子還有沒有其他未了的心願？」

這一次，神明清楚的指示我們，已經沒有其他未了的心願了。

三姊妹看到神明的指示，終於明白爸爸之所以拖著病弱的身體，留著最後一口氣不忍離去，全是因為放心不下媽媽。想到老父親對媽媽深情的掛念，這家人的情緒瞬間潰堤，哭成一團。

親情才是最難捨的羈絆

此時，負責跪地擲筊的大姊開始向我們娓娓道來：「其實，眼前的媽媽並不是我們的親生母親，而是生母去世之後，爸爸再娶的續絃。但從小這位媽媽就很疼愛我們，我們姊妹也都很尊敬她，心中早已認定她是我們的母親。

知道爸爸很疼愛老伴，我們將來一定會好好地照顧、孝順媽媽的！」

此時，坐在角落縮著身軀的老婦人，在得知老伴是因為放心不下自己而強忍病痛、不捨離開，更是難過得頻頻拭淚。

老先生的愛也讓我感動得當場紅了眼眶，我跟這一家人說：「妳們今天有這份孝心來請示神明，而神明也指示出，父親是因為有一個未了的心願不捨離開，現在，妳們可以去父親的病床前，在他的耳邊親口對他說，會好好孝順、照顧媽媽，請爸爸安心好走。等等再點香求媽祖在生命的最後一刻，牽引父親一路好走。」

老先生臨終前未完的心願，喚醒了我們對愛的覺醒。子女對父親的不捨之愛，妻子對丈夫牽手一世的愛，不同層面的愛都震動了我們的心，讓我們對這份親情羈絆產生共鳴，也讓人重新體悟「愛的真諦」！

「婚姻事件問法」流程圖

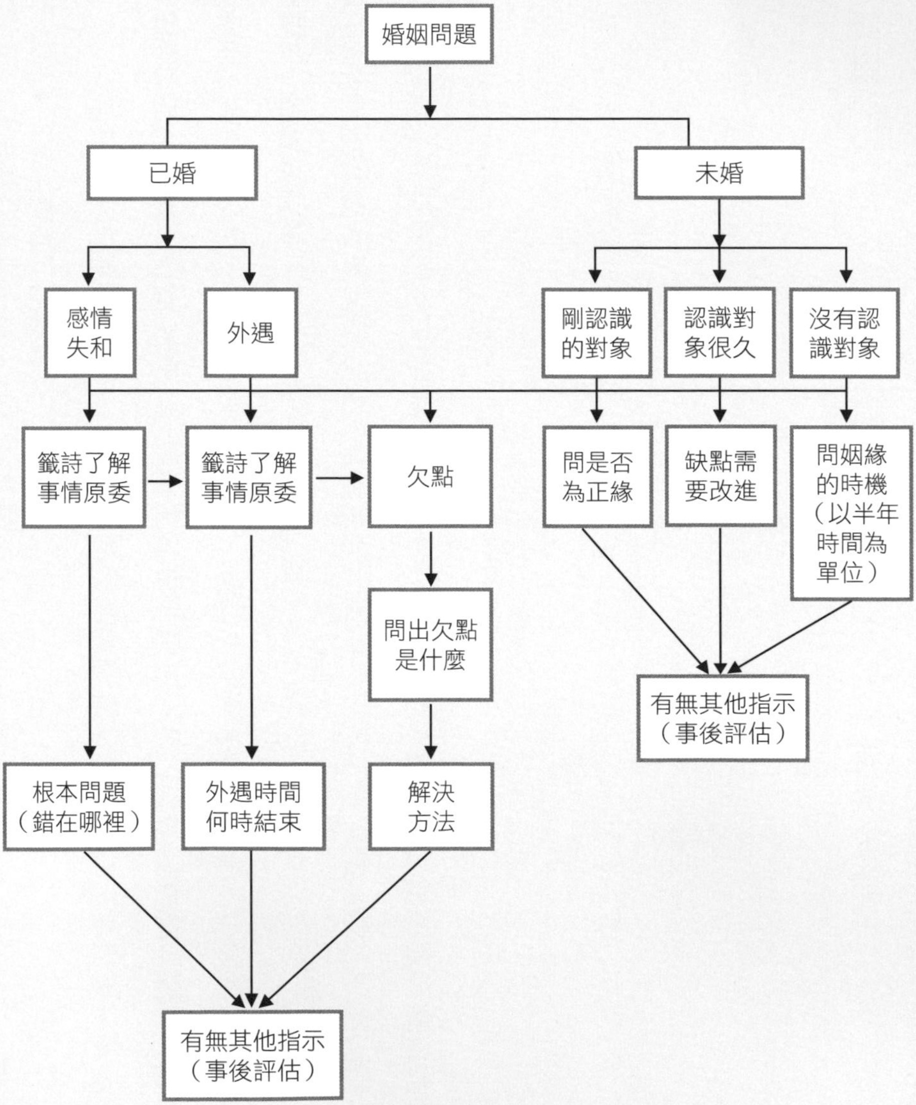
婚姻問題
已婚
未婚
感情失和
外遇
剛認識的對象
認識對象很久
沒有認識對象
籤詩了解事情原委
籤詩了解事情原委
欠點
問是否為正緣
缺點需要改進
問姻緣的時機（以半年時間為單位）
問出欠點是什麼
有無其他指示（事後評估）
根本問題（錯在哪裡）
外遇時間何時結束
解決方法
有無其他指示（事後評估）

肆

怎麼問婚姻的問題

這個世界上有非常多的男男女女，為了感情的事傷透腦筋。情況嚴重一點的，甚至是終日以淚洗面，企圖輕生的也有。在求助無門的時候，只好尋求宗教途徑解決，但又怕遇到的是一個假藉神明之意斂財騙色的人，那該怎麼辦呢？一旦有婚姻跟感情方面的困擾，最容易讓那些心術不正之人有機可趁。

這個章節是為了讓大家日後如果有這方面的疑惑，可以有清楚的方向知道怎麼問神明。如果自己有一個原則，就不太可能有被騙的機會。

問神明感情問題的第一個原則就是要先搞清楚：你目前是已婚？還是未婚？如果是未婚的話，那你的對象是剛認識？還是已經認識很久？因為情形不同，問法也跟著不同。

目前未婚但已有交往對象的問法

問剛認識的對象——是不是正緣，是否真的有夫妻命

一個冬天的晚上，大約九點多，一位媽媽帶著她的女兒來問婚姻方面的事。原來她的女

兒已經三十幾歲，還沒有結婚，於是孩子的阿姨就介紹一位男生給她認識。雖然這位媽媽已經見過那位男生，但心裡還是十分忐忑不安，畢竟只有這麼一個女兒，終身大事當然要慎重一些。

她一見到老師就問，若想幫女兒問婚姻方面的事，該怎麼問呢？老師問她說：「妳女兒跟這位男生認識多久？」

她回答說，經人家介紹剛認識而已，雖然雙方都見過面，但覺得這位男生本身條件不是很好。

老師反問道：「哪方面的條件不好？」

這位媽媽說：「他的外表不是很起眼，經濟方面也普通而已。整體來看，條件都在中下。說實在的，離我要求的條件還有一段距離。」

聽完這位媽媽心中的想法，老師開導她說：「其實夫妻最重要的是緣分。兩個人如果沒有緣分，就算男方長得帥又多金，也很有可能吵吵鬧鬧一輩子，甚至以離婚收場。相對的，我也曾經看過女方雖然看起來條件比不上男方，但是兩人確實有緣分，男方在考慮許久之後，最後決定娶女方。後來，這位女生在內相夫教子，在外當先生的事業遇到瓶頸時，偶爾會突發奇想，幫助先生化險為夷——這些例子都是我遇過的。依我的經驗，緣分才應該是決定兩人會不會白頭偕老最重要的因素。」

經過老師的講解，這位媽媽似乎接受也認同這個觀念，於是接著問老師說：「那現在要怎麼問呢？」

老師回答道：「既然是剛認識，應該問妳女兒跟這位男生的這一段是不是正緣，亦即是不是有夫妻命，這是能否白頭偕老的關鍵。」

聽老師這麼一說，這位媽媽很好奇地又問：「如果不是剛認識，而是認識很久的話，就不能問是不是正緣了嗎？」

問認識很久的對象——自己有何缺點和需改進之處

老師一聽，笑了一聲後說：「妳問得很好。我記得在一個月之前，有一對情侶來這裡問婚姻的事情，跟他們談完後，我才發現他們雙方已經交往七年，這陣子開始計畫準備結婚。但是，為了一些事雙方無法達到共識，還發生了一些口角，吵了大概好幾個月，誰也不肯先認錯。

結果女方就對男方說：『既然如此，不然我們去問一下神明我們兩個到底適不適合結婚，或我們這段緣是不是正緣。』

來這裡時，他們兩個人都沒有什麼表情跟笑容。在聽完他們來的目的跟要問的問題以後，我心裡就在想，要圓滿解決這對情侶的事，恐怕需要花一點精神了。

我跟這對情侶說：『你們交往七年了，現在要問神明適不適合結婚，或者是不是正緣，說實話，此時此刻不該這麼問。』

聽我這麼說，女方立刻就問：『為什麼不應該問？』我回答她說：『不是不應該問，而是不應該往這個方向問。今天如果你們雙方是剛認識，那問這樣的問題是合理的，因為雙方還沒有正式投入感情。但你們不是啊！你們交往了七年，雙方已經投入了這麼多年的感情，並且都在計畫結婚了，只是有一些事情還沒有達成共識，就來問適不適合結婚，這不是很矛盾嗎？

曾經有很多父母親分不清楚這種狀況，自己的孩子跟對方已經交往很久了，還跑去算命或問神，得到兩人不適合，或者誰會剋誰的答案，結果父母親硬是拆散鴛鴦愛侶，導致後來發生很多無法想像的遺憾。就算彼此心意堅定沒有被拆散，也沒有發生讓人一輩子扼腕的事，但有些話、甚至有些疙瘩，已足以讓人放在心裡一輩子，往後夫妻吵架，難保不會把這件事拿出來吵，如果雙方一直為這當年也不知道到底是不是屬實的事爭執，婚姻會幸福嗎？像我們這種神職人員或是主事人員講出來的任何一句話，都會深深影響一個人，或是一個家庭，能不謹慎嗎？』

這對情侶好像忽然解開了自己的心結，也有了笑容。這個時候換男方問我說：『如果現在要問的話，那合理的問法又是什麼呢？』我回答道：『你們首先應該問問彼此，是否還深愛著對方？如果還深愛著對方，那就要思考到底是什麼原因造成今天這種局面。如果你們現在要問神明，就只需要問——自己有什麼缺點和需要改進的地方。』

一聽到這裡，這位男士馬上就問為何要問這樣的問題，我告訴他說：『這就要你們回想今天會來這裡的原因是什麼了。你們交往這麼多年，也已經計畫要結婚，卻只因為雙方有些爭執，就要來問適不適合結婚。這些爭端其實代表著雙方有一種「習氣」，如果不徹底面對並改進它，將來組成一個家庭後，同樣的事情還會一而再，再而三的發生。與其讓這種習氣在未來一直惡性循環，倒不如趁現在雙方還沒正式結婚前，盡快把它處理掉。如果能做到這樣，對雙方、家庭，以及要如何計畫未來種種的事情都有幫助。』

這對情侶聽完我的解釋，也許是因為心情放鬆許多的緣故，女方這個時候才對我說出真正的心裡話，『我剛剛很擔心，如果問出來是「負面」的答案，真的不知道該怎麼活下去。』聽她這麼說，我笑了笑回說：『這也是我對你們說的，依你們交往的情形，不該問這種問題。』

後來這對情侶就按照我教的方式問神明，當然神明也很明確指示雙方的缺點和需要改進的地方。他們兩人真的虛心受教並改變彼此的習氣，並且在半年後正式結婚了。」

這位媽媽聽完老師的解說後，也非常認同緣分的重要性，於是就問她女兒跟這位男生的這段緣是否為正緣。

問出來的結果除了是正緣外，還有一點要特別交代：這位女生的個性有點急躁，如果要以結婚為前提交往，急躁的個性得稍微改進一下，對兩個人的未來才有幫助。只是在交往期間，男生本身的動作就比較慢，偏偏女生是個急性子，所以偶爾有些小爭吵。

他們交往了一年之後，對彼此的個性都能接受與包容，決定成立一個家庭，經過雙方家長認同，終於步入紅毯，正式結為夫妻，目前已擁有一對兒女。

目前未婚也沒有交往對象的問法

一個夏天的中午，有兩位年約五十歲的婦人走進來，一問之下，原來這兩位媽媽都是擔心她們的女兒年紀大了，到現在卻還未婚，所以想幫女兒問婚姻。

據這兩位婦人的說法，她們的女兒目前都沒有交往對象。如果沒有交往對象，那就要問神明姻緣的時機在什麼時候。

問姻緣的時機

老師開始幫第一位婦人問事。差不多十五分鐘，神明終於指示三個重點：

「第一、妳女兒的姻緣時機會在下個月十五日浮現，現在是農曆六月，姻緣的時間大約會在七月十五日左右，妳回去要跟她講，在這個時間點一定要特別注意，如果有朋友居中牽線或有人介紹相親，盡量去見一面，別又讓這機會溜走了。

第二、雖然神明已經指示姻緣時機，但也要妳的女兒願意配合，這段姻緣才有可能成功。很多人問出姻緣的時機後，以為好姻緣就會自己出現，於是在神明指示的那個時機點到了之後，有朋友要介紹認識或者相親也都不去參與，一心只忙於工作，或乾脆連見面都省了。這種情形，真的是連神明也愛莫能助，就算費心問出真正有好姻緣的時機也沒有用。

第三、當家長的，雖然總是希望自己的兒女有一個好的婚姻、好的歸宿，但是首先要看的是有沒有緣分，如果要求的條件太高，極可能造成兩頭落空。神明也查到妳在過去可能發生過這種情形，因此祂們才會做這種指示，不然不會這樣說。所以妳要注意這點。」

王博士小叮嚀

在重要時機點要「積極」一點！

神明若指示了姻緣的最佳時機，在這個時間點一定要特別注意，如果有朋友牽線或有人介紹相親，盡量去見一面，別錯失機會。

很多人問出姻緣的時機後，以為好姻緣會自己出現，因此在神明指示的那個時機

問神不敗圖解案例

狀況：兩位婦人為了女兒的姻緣時機前來問神
→沒有對象的問法，問姻緣時機

↓ **釐清問題**

神明很快給了第一位婦人指示，女兒姻緣將在七月中左右，此外也特別交代，婚姻延遲的原因是因為婦人要求過高，宜改進

問事心法1
為了某事問神，神明卻指出己身的問題。問事要有接受建議的雅量，用心改變，才能讓結果更圓滿

↓

換到另一位婦人的時候，連問了二十幾分鐘卻沒指出姻緣時機，也沒有指示任何原因

↓

決定不問直接的問題，而是問是否遇到錯愛→連得三個聖筊，證實女兒因為錯愛耽誤了姻緣

問事心法2
詢問神明時，一定要有敏感度，把當中的原因找出來，否則問再久也得不到答案

↓

透過神明指示的方法，加上母女的溝通後，那段錯愛終於結束，女方也在一段時間後順利和一位科技新貴結為連理

導致失敗的問事地雷
了解神明的想法
此案例中，婦人問的是女兒的姻緣時機，神明卻查到女兒有段錯愛，就算知道時機也沒有用。遇到久久沒有指示時，便要敏感一點，去問出背後隱藏的原因。

點，有朋友要介紹認識或相親都不去參與，一心只忙於工作或乾脆連見面都省了！這樣一來，就算費心問出真正有好姻緣的時機，那也沒有用。

這位婦人聽完之後，有點不好意思地承認，過去她對男方的要求確實太高了，還因此導致曾經有五位男生後來都沒有再繼續跟她的女兒聯絡。

現在，既然神明已經查出來這是導致她女兒婚姻延遲的原因之一，那麼她的確需要改變一下自己的要求標準了。

一年半後，這位婦人很高興的拿男方選好的結婚日來讓老師再核對，也很開心地對我們說，她總算完成這輩子最大的心願了。

錯愛——愛上不該愛的人

接下來，老師繼續幫第二位婦人問她女兒姻緣的時機，可是一連問了將近二十分鐘，神明都沒有做出任何指示，也沒有指示任何的原因，這時老師已經心知肚明了。

明明這兩位婦人同樣都來問婚姻的事情，針對第一位婦人，神明很快就指示出姻緣時機，偏偏第二位婦人得不到任何指示，這種情形就表示「事有蹊蹺」——也就是說，在這件事當中，一定涵蓋了其他更複雜的原因。

我們在問神明問題時，一定要有這種敏感度，才能把當中的原因找出來，否則就算繼續再問一個小時，也是徒勞。

當老師發現事有蹊蹺之時，馬上決定不用直接的問題問神明，而是換一個角度問——也就是問這位婦人的女兒目前是不是遇到「錯愛」。這樣一問，果然連得三個筊數，證明問這個方向是對的。既然問出了結果，接著就要跟這位婦人解釋這代表什麼意思，但這攸關個人隱私，那時旁邊也有許多人在場，所以只能點到為止，無法講得太明白。

老師跟這位婦人講：「妳一開始要問妳女兒姻緣的時機，但神明並沒有做任何指示。後來我換一個角度再問神明，果然神明就指示妳女兒目前有一段錯愛；錯誤的愛情，意思是愛上一位不該愛的人，也許指的就是愛上一位已經有家室的人。」

這位婦人一聽就坦白說：「有可能。因為我也在懷疑為什麼親戚朋友要幫我女兒做媒，她老是拒絕。而且我一直問她到底有沒有對象，她總是回答沒有，這就讓我更起疑了，一定有什麼事不敢讓我知道。今天神明指示這個結果，我覺得很有可能。」

老師再對這位婦人解釋說：「妳說妳女兒目前沒有對象，要來問妳女兒的姻緣時機，但後來神明查到事情並非像妳所講的那樣，而是妳女兒已經愛上不該愛的人。正因為如此，神明才無法指示妳女兒的姻緣時機在什麼時候。按照這種情形，就算跟妳講時機是什麼時候也沒有用，索性就不指示，所以剛才才會問那麼久都沒有結果。」

看到問不出結果，就知道這當中一定有原因，所以才會轉換一個角度來問。面對這種情形，其實做父母的都會蠻驚訝的。

這件事後來神明也有再指示，如果願意結束這段錯愛，那她女兒將來還會有一段更好的姻緣。透過神明指示的方法，再加上母女的充分溝通，這段錯誤的愛情終於宣告結束。

經過一段療傷期，女生最後跟一位科技新貴結為連理，過著幸福的日子。

目前已結婚的問法

一個星期日的晚上，外面下著雨，也許因為時間快接近十點，所以顯得特別安靜。有兩位年約四十歲的婦人走了進來，跟工作人員打了聲招呼，隨後就坐在椅子上一句話也沒有說。看到這種情形，工作人員也只好主動過去了解一下她們今天來的主要目的。

外遇——問這種情況何時結束

這兩位婦人當中只有一位要問事，其中一位只是陪著來的。要問事的這位婦人話非常少，也許是心情不佳，也或許是身體不好，說話顯得有氣無力，只說她要問婚姻的問題。每個人都有自己的堅持，當事人若不想說太多，工作人員也不方便再多問些什麼。

老師在旁邊看到這種情形，只好準備幫這位婦人問她婚姻的事。因為這位婦人什麼話也不想多說，老師就先問神明是否要藉由籤詩，說明這位婦人婚姻的來龍去脈。

為什麼要這麼做呢？原因有二：一是在婚姻方面出問題，大部分是有很多人對另一半沒有辦法開誠布公，一再隱瞞，到最後事情爆發時，才了解自己不知道的事情原來這麼多。二是很多來問婚姻的人，也許因為關於個人隱私，不想或不敢講太多，導致缺乏中立客觀的資訊，而無法做出最正確的判斷。所以，先求神明賜籤詩說明整件事情的原委，也是合理的。

老師這樣一問，神明果然答應要先賜籤詩把整件事情做個說明。而且要分別賜給這位婦人和她的先生兩種籤詩——神明選擇這種作法就是要徹底說明這對夫妻到底發生了什麼事。

分別抽完男女雙方的籤詩之後，老師先向他們解釋婦人先生的籤詩到底說些什麼事。

「依照籤詩所講，你先生目前認識一位女生，在一起已經有一段時間了，而這位女生又像龍虎般強悍，吵到現在導致妳整個家庭不合。而妳這方面的籤詩是講妳自從結婚以來，對這個家庭一直都很用心照顧，無怨無悔。當妳發現妳先生這件事時，終日以淚洗面，雖然一直想要挽回先生的心，可是他卻無動於衷，讓妳一直傷心到現在。」

老師說到這裡時稍微停頓了一下，又繼續說，「可是籤詩裡面又說到妳好像想做什麼傻事，而且已經發生了喔！」

王博士小叮嚀

問婚姻問題時，適時問神明是否賜籤詩是有必要的

婚姻出問題，問神明是否要藉由籤詩說明整個事件有時是很必要的，這是因為：

1 大部分有婚姻問題，是因為很多人對另一半沒辦法開誠布公，一再隱瞞直到東窗事發，才發現自己不知道的事情原來這麼多，而藉由籤詩能知道整件事情的來龍去脈。

2 很多來問婚姻的人，不願或不敢透露太多個人隱私，導致缺乏中立客觀的資訊而無法做出最正確的判斷。

3 如果夫妻雙方發生爭執，大部分都是各說各有理，有些人還會顛倒是非。因此，處理這種事情時，必須依靠神明來查明整件事情的原委，才能得到最正確的資訊、不會失真。

婦人聽到這裡，忽然嚎啕大哭，幾十公尺的範圍內都聽得到，甚至哭到沒有辦法講話了，只好由這位陪同來的鄰居代為回答。她說，這位婦人的先生外遇，而且目前跟外遇對象住在一起——更離譜的是她先生的外遇對象，竟然是她的弟妹，也就是她親弟弟的太太。可

想而知，這件事含有多少錯綜複雜的關係，這位婦人也因此承受了多大的痛苦與壓力，包括要如何面對她的親弟弟及父母親。

為了要挽回先生的心，這位婦人苦苦哀求他回歸家庭，但是她先生不僅無動於衷，更可惡的是，外遇對象（弟妹）得知後竟然還打電話來，把她罵得一文不值，並催促她趕快離婚，導致她身心俱疲。

哀莫大於心死，後來她終於忍受不了，獨自一人跑去自殺。

「還好很幸運，自殺沒有成功被救回來。出院後第三天，我與她聊天，聊到她目前為止還是非常想不開，這次還想帶著孩子一起自殺。

聽到她的負面想法竟然又變得更加嚴重，我嚇了一大跳，心想：這樣下去不行，一定要帶她來問一下神明，要是再做出傻事，後果可不堪設想。今天剛從醫院回診，還沒回家我就直接帶她來這裡，想尋求解救她家庭的方法。」

大家聽完婦人鄰居的敘述之後，心裡感到非常感傷，也相當同情她的遭遇。這時老師對這位婦人說：「妳先不要難過跟傷心，事情都已經發生了，那就想辦法解決，神明是慈悲的，只要錯不在妳，我相信祂一定會幫助妳。」

這位婦人問老師現在該怎麼問？

老師回答她說：「我們先問神明妳先生的這段外遇什麼時候會結束。知道外遇何時結

問神不敗圖解案例

狀況：一位婦人由鄰居陪同前來問婚姻之事，但不願多說明

釐清問題

因為婦人不願意進一步解釋，所以請示神明是否賜籤詩說明婚姻狀況→神明指示要賜兩支籤詩，分別說明夫妻的狀況

問事心法 1
資訊不足無法判斷時，可請示神明是否賜籤詩說明

籤詩指出丈夫有外遇，而婦人心灰意冷之下做出傻事→婦人鄰居證實籤詩所言屬實

經由老師建議，先詢問外遇結束的時間點，心裡有個底後再著手處理→外遇將在三個月後有個了結。

依神明的指示處理後，丈夫如期歸來。為求保險，請示神明是否有新的交代→遵照神明指示搬家，展開新生活

問事心法 2
如願達成目標後，為求保險，此時應不嫌麻煩的請示神明是否還有別的交代事項

導致失敗的問事地雷

不足的片段由神明補充

有時當事人可能因為隱私而不願多說明（有可能是幫人問事或陪同前往），因此缺乏客觀資訊時，可請示神明是否賜籤詩說明，有時甚至會出現連當事人都不知道的情況。

束，一來可以讓妳有心理準備，才不會一直痛苦，想著這件事情怎麼遙遙無期、何時才會終結，或者能不能結束。二來可以藉這段時間好好調整自己的心態，規劃未來要如何走。」

婦人了解後，就按照老師建議的方向去問，結果神明指示：她先生這段外遇要在農曆十一月才會有個了結，距離現在還有三個月的時間。

可是神明又特別交代她四件事情：

「第一，要先答應不能再有做傻事的想法與行為，必須先把這個念頭拋棄掉，神明才會協助拯救妳的家庭，也會幫忙把妳先生找回來。第二，如果妳真的還想要這個家庭，將來這件事結束了，爾後夫妻間吵架，不可再把這件事拿出來吵。第三，接下來妳要好好調養自己的身體。第四，將來如果有疑惑的地方，可以隨時來找神明，祂們會指示妳路要怎麼走。」婦人聽完神明做這樣的指示，當下便親口答應這四個條件。

在婦人親口承諾後，神明也正式開始指示接下來該怎麼做，也特別交代她，如果一個禮拜後先生仍然沒有回家，再來找神明。

一個禮拜過後，婦人的先生並沒有回來，所以這次神明再用另一個方法；也非常慎重地交代她，神明賜給她的這個東西，在十月底才可以使用，並且得在某月某日晚上睡覺前，對窗外輕輕喊三次她先生的名字，喊完之後才能睡覺。

很神奇的，就在喊完名字的隔天早上，當婦人要出門時，她先生忽然提著行李箱回到家裡。她非常驚訝，一問之下，才知道原來先生的外遇對象突然也對她自己的先生感到非常愧疚，所以在十月底正式與婦人的先生協議分手，兩人都回歸自己原本的家庭。

看到先生如期歸來，婦人馬上過來告知這件好消息。雖然大家都十分高興，但是老師卻對她說，為了以防萬一，最好還是再問一次神明，看看是否有其他要注意的地方，這樣比較保險。她也同意再次詢問指示，神明果然又交代：此時最好跟先生搬離現在居住的地方，以防未來發生一些意想不到的變化。

婦人回去後，立即跟她先生商量搬家事宜。並於一個月後，一家人正式搬離原來居住的地方，到另一個新環境重新開始新生活。

在這段期間，他們一家人只要一有時間，就會過來找大家聊聊天，順便說說他們的新生活過得如何。

這樣的發展，顯然對這位婦人的全家是一個最好的結局。不過我們還是要想一想，還好當初在她人生遇到困惑時，因緣際會之下，由她的鄰居穿針引線前來求助於神明，才會有今天這樣的結果。

然而，我相信在這個社會上還有更多的人經歷過與婦人相同的遭遇，同時我也相信，並不是每個人最後都跟書中這位婦人的結局一樣幸運。以同理心的角度來看，在這裡我還是衷心奉勸天底下的男男女女一句話：「己所不欲，勿施於人。」

王博士小叮嚀

處理外遇問題的注意事項

當外遇事件圓滿落幕，為了以防萬一，最好再問一次神明，看是否有其他要注意的地方，這樣比較保險。

夫妻感情失和

一個禮拜五的晚上，一位先生面無表情地走了進來，有點不太好意思地跟老師說明他來的目的。原來，這位先生跟他太太之間感情出了問題，讓他身心俱疲。他太太已離家一段時間，他六神無主，完全不知道該怎麼辦才好。

在此之前，他求助過很多宗教途徑想挽回他太太，但兩個多月了都沒有下文。更糟糕的是，問過的地方說法都不同，根本不知道誰說的才對；甚至有人說他前世做了許多壞事，今世有很多冤親債主找上門，他們夫妻的感情才因此一直很不順利，若不好好處理將會大禍臨頭——導致他花了很多的精神跟金錢。

「其實我已經對問神明沒什麼信心了，朋友叫我再試一次，也許這是最後一次了，如果仍然沒有成功，我就要放棄了。」

①找出根本問題在哪？

老師聽完之後就跟這位先生說：「我不知道事情的來龍去脈，而你說的可能也會有選擇性的保留。假如要問神明，首先應該先問你們夫妻雙方到底有什麼問題，找出問題後，再問神明該如何把你太太找回來，這樣程序才對。」

一問之下，神明指示先藉由籤詩說明事情的經過，才不會被誤導，處理起來也比較公正客觀。因為夫妻雙方發生爭執，大部分都會說自己是對的，對方是錯的，有些人還會顛倒是非，明明有做卻說沒做，沒做卻硬說有做。處理或問這方面的事情時，如果沒有得到最正確的資訊，恐怕會愈處理愈糟糕。所以神明必須查明整件事情的原委，才不會失真。

②先了解自己錯在哪裡？

老師對這位先生說，籤詩裡面有幾點要注意：

「第一、你太太的個性比較活潑，而你剛好相反，所以有時候你會看不慣她在外面的行事作風，久而久之就容易對她發脾氣，而你太太也愈來愈受不了你的壞脾氣，才會走到今天這個地步。你們夫妻感情失和，主要的根本原因在於你的脾氣，如果再不改，就算幫你把人找回來，以後還是會發生同樣的事。為了日後不再有這種情形發生，首先要知道你的錯在哪裡——也就是你的火爆脾氣要先改，凡事都可以好好溝通。」

③再化解心中結

「第二、因為你太太個性比較活潑，因此常有人說三道四地要你注意她的行為。神明今天要告訴你，她並沒有做出對不起你的事，別再多疑。你們這是一段很好的姻緣，只是你的耳根子軟，常聽信別人亂講；脾氣一上來，整個人就失去理智。依籤詩內容，你太太還是很愛你和這個家，所以你不能再像以前那樣疑神疑鬼。這兩點你能做到嗎？」

這位先生聽完老師的解釋，很慚愧地表示他確實很會疑神疑鬼，脾氣一上來就喪失理智。「剛剛不好意思說，其實是我在一氣之下把我太太趕出去的。」

老師提醒他說：「事情過了就過了，但你一定要改進神明講的缺點，否則就算太太好不容易回來了，將來某天你還是可能會失去理智，再趕她出去。」

後來，神明教了知錯的先生幾個方法，按照交代的方式處理後一個禮拜，他太太真的回來了，後來他還開車載他太太一起來宮裡。他太太還跟老師說，他先生現在比較不像以前那樣會亂發脾氣，夫妻彼此也能互相信任。

這位先生有一次問老師說：「我之前問過很多地方，每個地方說的都不同，也花了很多錢，這是怎麼回事？」老師回答道：「過去的事就不要再提了，放眼未來比較重要。只不過你要學會判斷合理或不合理。」

他接著又問：「有些人說要多花錢，事情才能處理好。真的嗎？」

「我不會說別人如何，只會說我們會怎麼處理——我們會以最簡單的方式協助處理事情。一個正派的宗教，不會議價辦事。神明是慈悲的，如果這個人家境不好，難道神明還會雪上加霜嗎？如果會，那就不是神明了。」

經過這次的事件，這對夫妻彼此在個性上都有做改變，整個家庭也變幸福了。

王博士小叮嚀

小心，正派的宗教不會議價辦事！

問神，不會說要花多少錢才能解決事情。神是慈悲的，是體恤眾生的，所以神明自己會評估，而且總會在我們所能負擔的能力範圍內幫我們處理事情。要是這個人家境不好，神明是不會雪上加霜的，如果會，就不是神明了！

問神不敗圖解案例

狀況：太太離家出走兩個月未歸，跑了許多宮廟卻說法不一，還花了很多冤枉錢

問事心法 1
遇到各方說法不一時，可到大一點的廟裡擲筊確認一次。重點是，正派的宗教絕不會議價辦事

↓ **釐清問題**

由於感情之事涉及雙方，可能會有各說各話的情形，請示神明是否賜籤詩了解客觀事實，才不會受到誤導→神明指示要賜籤詩

↓

透過籤詩指出：
1.兩人個性相反導致感情失和
2.夫妻倆為很好的姻緣，但先生常聽信謠言亂發脾氣，應該改正

↓

問事心法2
顧及面子或怕被責備而有所保留，會造成問事人的誤判，增加問事困難度

先生坦言先前確實有所保留，其實是自己趕太太出門的。承諾改過後，請示神明教導處理的方法

↓

遵照神明的交代處理，太太在一週後便回家，彼此也因為個性上的修正而變得更幸福

導致失敗的問事地雷
隱瞞的心
問事時，偶爾會為了個人隱私或遮掩過錯而有所保留，這樣的情形很容易造成問事者的誤判，如果沒有「承認」的勇氣，就很難問出解決之道，造成問事失敗。

問神達人王崇禮神奇辦案

我們，回得去嗎？

某一天，一位年約三十歲的女孩子神情落寞地走進來，她一跪下來後就表明自己今天要來問感情，然後便開始用無奈的語氣，訴說起自己的愛情故事……

原來這位女孩子與男友愛情長跑八年，交往過程中曾為對方拿過小孩，現在彼此都到了適婚年齡，終於有了結婚的共識。

沒想到，原本的一段佳話卻突然橫生枝節，在討論結婚事宜及婚後規劃時，女孩與男友的媽媽發生了口角，言語衝撞也漸漸演變成激烈的衝突。

「現在，我跟他家人的關係惡化到極點。另一方面，我的父母擔心女兒受苦，也開始反對這門婚事。原本是喜事一樁，如今卻落得面臨分手的下場……」

說到這，這位女孩子深深嘆了一口氣，對著我說：「八年了！女人的青春！而且，我們都投入那麼多的情感，早就把對方當成是家人了。希望神明與王老師幫忙，看看是否能讓這段緣分破鏡重圓！」她似乎相當後悔自己當初的莽撞，情緒非常激動，就連跪地擲筊時，雙肩都不停的顫抖。

我聽完她的敘述後，先是出言安慰她說：「既然事情已是這個局面，我們就聽聽神明怎麼說，先把問題點找出來，再看看神明有沒有辦法重新撮合這段姻緣，好嗎？」

聽完我的安慰，這位女孩子對我點點頭，於是我清楚的向神明稟報了這位女孩子的狀況，然後開始請示。

切入點決定問事的精準度

我曾經提過，未婚而有對象的，不適合一開始就問是不是正緣，那到底要怎麼問呢？其實，問問題的切入點很重要，往往會決定問事的精準度。

為了全盤了解事情的全貌，我先請神明賜籤詩說明這段緣分。於是，我從兩人緣分、給女方的籤詩、給男方的籤詩，以及給男方媽媽的籤詩方向來請示，但都沒有得到聖筊。最後，在新列了幾個選項確認後，神明指示要賜給這個女孩「結婚，對兩人未來有好的發展」的籤詩。最後，神明賜給這位女孩子這支籤詩：

籤子壬

劉備三顧茅廬

解籤歸納：運勢低，需等待起運

言語雖多不可從，風雲靜處未行龍，
暗中終得明消息，君爾何須問重重。

籤詩一抽出來，這位女孩子便焦急的問我說：「王老師，神明的意思是什麼？這段感情還有機會挽回嗎？」

由於神明出了「結婚，對兩人的未來有好的發展」的籤詩，那就代表籤詩應該要從這方面下去解。我對女孩說：「既然神明指明是出『結婚，對兩人未來有好的發展』的籤詩，而且詩中又有『暗中終得明消息』這句話，就表示這段姻緣最終將能得到好結果。」

「真的嗎？」

「妳放心，現在的情況雖然看似無可挽回，但最後一定能轉為明朗，不然神明是不會賜下『終得明消息』這句話的。」

聽到這裡，心急如焚的女孩子宛如吃了一顆定心丸，或許是因為心中出現曙光，臉上終於也露出了一抹微笑。

見她心情轉變得輕鬆，我趕緊跟女孩傳達神明的忠告說：「神明想透過籤詩對妳說：若想要繼續這段關係，就要忘卻過去的不愉快。所謂『劉備三顧茅廬』，意思就是說，要用更謙遜與謙卑的態度再去見長輩，事情才會有圓滿的結局；如果太血氣方剛，反而會使事情不可收拾。現在，長輩正在氣頭上，俗話說『吵架無好話』，所以神明要奉勸妳，氣頭上的言語不需要太過在意，更不要放在心裡，如此一來，以後若有緣成為一家人，彼此才能夠相處融洽，不存有心結。

以神明的立場來說，祂們只能幫妳調查這段姻緣是不是正緣。至於最後能否修成正果，全掌握在妳的手中，得靠妳來調適自己的心態。從這次的經歷，神明要妳學習『退步原來是向前』和『蹲下是跳躍的開始』的智慧。」

聽完我的解釋，女孩子堅定的點點頭，心中彷彿也下定了某種決心。

一波三折姻緣路

經過了幾週，有一位男孩子帶著父母來問婚姻，而最令人驚訝的是，這位男孩子竟然是先前那位女孩子的男友！

原來，這位女孩子為了自己的幸福，決定接受神明的忠告，主動跟男友聯絡。她向男友表白自己仍然很愛他，不想放棄多年的感情，甚至為了兩人的感情去求神問卜，而神明也明白指示，兩人的關係是一段好姻緣。因此，為了兩人的幸福，她決定盡一切努力，也非常後悔當初心直口快衝撞了長輩，希望能親自登門拜訪，向男友的媽媽道歉。

這位男孩子聽了之後很感動，最後，兩人決心一起努力克服眼前的窘境。

在男友的費心安排下，女孩子與男方父母再次見面了，或許是過去的爭執讓彼此心中仍有芥蒂，這位女孩子一見到男友的父母，竟然緊張到說不出話來，而在男方父母眼中，女孩子緊張的神情看來更是格外嚴肅。於是乎，巧思安排的飯局就在冰冷的氣氛下草草結束，也未能達到小倆口當初期望的好結果。

飯局過後，男方父母對兒子的這段感情仍然心存疑慮，全家人於是前往從小拜到大的天后宮拜拜。就在此時，這位男孩子突然想起女友曾來找我問事的事情，於是靈機一動請示媽祖，能不能帶父母一同去找王老師幫忙問事？「叩、叩、叩！」神明當場毫不含糊的應了三個聖筊。

看到三個聖筊，這位男孩子心裡非常高興，於是趕緊安排掛號問事的事宜，然後帶著父母前來找我幫忙。神明在了解這家人的用意後，賜下了兩支籤詩說明兩人的婚姻：

第一支籤詩：

癸酉籤	
管子鮑叔首合	解籤歸納：時機到，順勢而為
有心作福莫遲疑，求名清吉正當時，此事必能成會合，財寶自然喜相隨。	

第二支籤詩：

乙丑籤	
王昭君被貶入冷宮遇漢王選入宮	解籤歸納：個性
雲開月出正分明，不須進退向前程，婚姻皆由天註定，和合清吉萬事成。	

解籤

看了這兩支籤詩後，我對這一家人說：「你和女友之間的感情其實是一段很不錯的姻緣！為什麼這麼說呢？從第一張籤詩的歷史典故——『管仲鮑叔首合』來看，生我者父母，知我者鮑叔牙，說明你們之間彷彿知己，是相知相惜的珍貴情誼。然而，人非完美，這個女孩子雖然個性剛直，講話比較直白，卻是個沒有心眼，正義感十足的女生；第二支籤詩的歷史故事中，王昭君就是因為不畏毛延壽的強權、拒絕賄賂他，最後被誣陷而打入冷宮，吃了不少苦頭。

依照神明調查的結果，你們這段姻緣已到開花結果的時機了。兩人結合促相生，在事業上能相互幫忙，也有助於家庭運勢的發展。」

聽完神明的指示後，男方的媽媽很不好意思的承認說：「其實，我也知道兒子交往的是一個心地善良又能幹的好女孩，而且個性跟我自己倒有幾分的相像！只是，兩顆石頭碰在一起怎麼會不痛呢？當初，我們兩老也是求好心切，出發點全是為他們好，只是各方意見不同，加上人在氣頭上，講話不好聽，最後就鬧得無法收拾了……」

天助良緣

幾個月後，這對情侶在一個風和日麗的午後帶著鮮花、喜餅前來感謝神明，他們手牽著手，一臉甜蜜的跟我們分享幸福的喜悅。原來，就在男孩子帶著家人前來問事後不久，男方家中經營的事業接到了一筆重要的國外訂單，然而，在公司人力最吃緊時，一位員工卻因為家人生病突然離職，公司一下子少了人手，因而面臨無法如期交貨的危機。為了幫男友度過難關，這位女孩子不辭辛勞的在每天下班後趕到男方家的公司，連夜幫忙趕貨。

患難見真情，男友父母看到這位女孩子的付出，心中感到窩心又不捨，有時甚至會特地燉雞湯幫她補身。趕貨期間，兩家人的關係日漸融洽，不知不覺中，過去的不愉快就這麼解開了；在眾人的努力下，國外的訂單也如期交貨，深得客戶的信任。

很多情侶因為相愛而決定共結連理，卻常常在策劃婚事或婚後生活的時候產生口角，甚至嚴重到以分手收場，因為這種原因而前來求助神明的案例也不在少數。

其實，人與人的關係時時都存在著考驗，想安然度過，除了信任之外，也需要一顆為對方著想的心，也就是所謂的「換位思考」。既然有緣要成為一家人，就要將家人間最重要的「包容」與「愛」擺在首位，至於面子與道理，就放一邊吧！畢竟對長輩而言，晚輩永遠都是小孩，只要退一步主動求和，換來的是未來幸福的一大步，不是非常值得嗎？

就算神明說彼此間的感情是良緣，若不懂得退讓、選擇意氣用事，天賜的良緣也可能產生爭執，若因此鬧到無法挽回，豈不是要遺憾終身了？這也是神明指示「退步原來是向前」、「蹲下是跳躍的開始」的真正含意所在。

「事業事件問法」流程圖

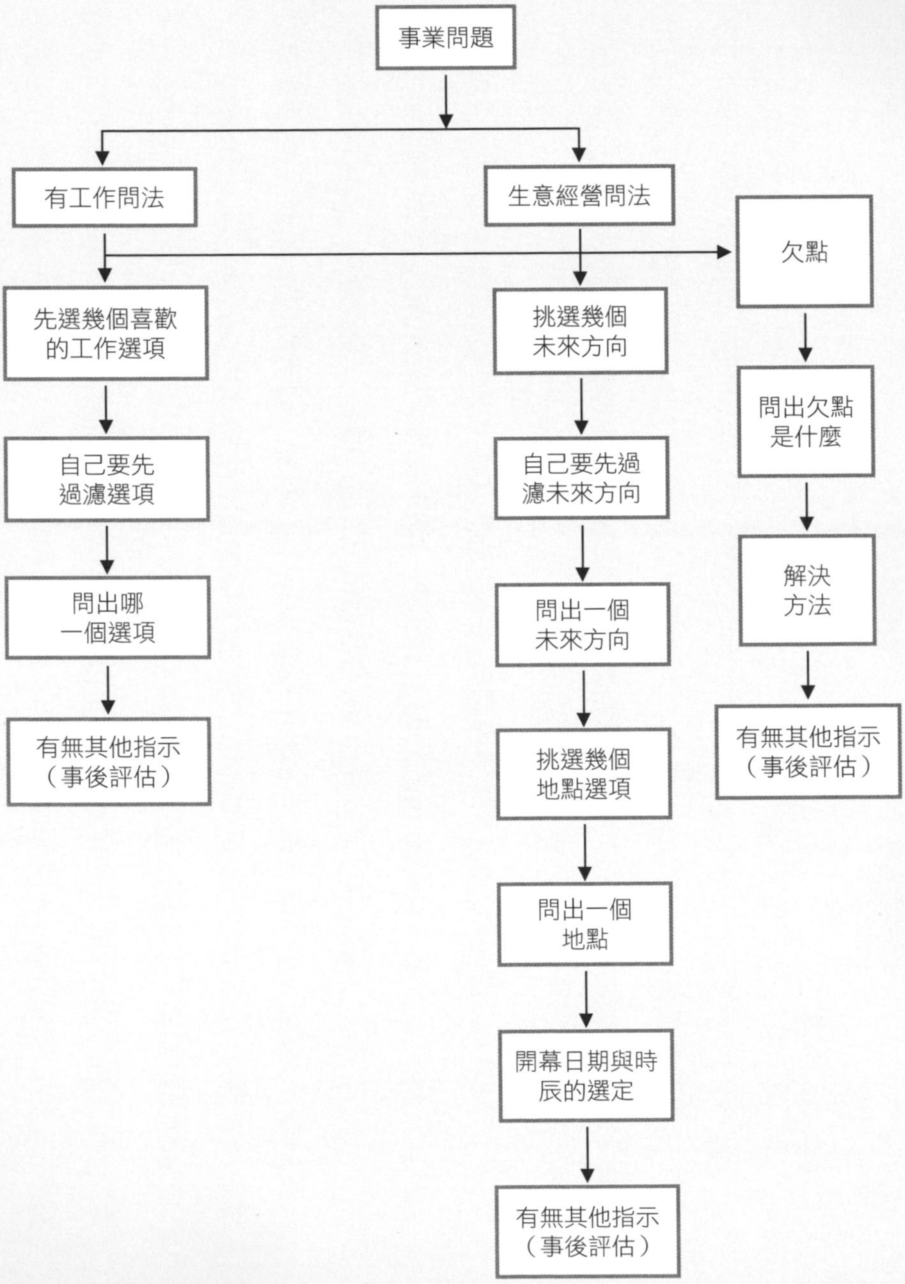
事業問題
有工作問法
生意經營問法
欠點
先選幾個喜歡的工作選項
自己要先過濾選項
問出哪一個選項
有無其他指示（事後評估）
挑選幾個未來方向
自己要先過濾未來方向
問出一個未來方向
挑選幾個地點選項
問出一個地點
開幕日期與時辰的選定
有無其他指示（事後評估）
問出欠點是什麼
解決方法
有無其他指示（事後評估）

伍 怎麼問事業的問題

有的人為了身體方面的問題而擔心不已，有些人為了感情與婚姻方面的問題淚流滿面，又有些人因為面臨工作方面的問題而日夜煩心……這個章節就是要教導大家，如果在工作上遇到問題，怎麼問神才是正確的。

目前有工作的問法

曾經有一位家住在新竹的先生，因為在工作上遇到了一些問題，特地南下高雄來請益。經過詳談，了解這位先生目前在新竹的一間科技公司上班，所屬的單位是研發部門。他是一個非常有能力的人，在公司已任職十多年，資歷與學歷都名列前茅，所以一直很期待有朝一日能夠獲得升遷。

想不到的是，十年過去了，願望與現實卻背道而馳，他心裡開始漸漸地感覺自己既沒有受到公司重用，也沒有得到公平的對待。

聽完這位先生的描述後，老師問他說：「那你今天主要想問什麼問題？」

他回答要問事業。

「我知道你要問的是事業，只是問事業得要非常謹慎，因為這關乎你的生計，一步走錯，有可能步步皆錯。因此，我必須很明白地問你，你要問的問題是什麼？」

這位先生回答說：「那我想問目前任職的這家公司，我還要不要繼續做下去？」

老師接著問他道：「你目前不是只有這一份工作而已嗎？只有這一份工作，就不能這樣問。這樣的問法，一般人聽起來好像沒錯，但依我們這裡的原則，這種問法雖不是不能問，卻很危險，也很不負責任，主事的人一定要會判斷問這種問題的危險性。」

這位先生反問老師為什麼這種問法很危險、很不負責任。

老師回答他說：「你目前只有這一份工作，如果問出的結果是叫你待在原公司，那也就算了。相反的，如果問出來的結果是叫你辭掉呢？你就真的辭職嗎？辭職後你就失業了，那你的生活、你的家庭該怎麼辦？」

於是，他又問說：「那我應該要怎麼問？」

如果要問這方面的問題，合理的問法有幾個順序：

①除了現今的工作之外，還需要找幾個你喜歡或有興趣的工作。

②這些喜歡或有興趣的工作，經過自己審慎篩選及過濾後，不知如何抉擇。

③將這些不知如何抉擇的工作選項，一一向神明請示應該選哪一個，對未來才比較有發展機會。

「神五分，人五分」的道理

依上述三個步驟做較為合理，也比較不會讓人覺得問神是一件很迷信的事情。然而，這位先生卻回說：「我就是不知道該怎麼做，才來問神明的啊！」

老師教導他說：「這樣不是正確請示神明的觀念，信仰不能盲目依賴，自己應該要先過濾一下問題。正確的問法，應該是心中先列舉幾個有興趣或者喜歡的行業，但不知道哪個行業對我們比較好，這時候再來請示神明，讓祂幫我們選一個。」

老師繼續解釋下去說：「心中還沒有預先想好要做什麼時就貿然問神，神明也不知道要從何告訴我們答案。

比如說，現在你找到三個職業，但不知道要選哪一個職業才好，這時來請示神明，讓祂幫你選一個，才是正確的。我甚至曾經遇過有人自己懶惰，連找工作都不想找，就來請神明幫他找，這些都是非常錯誤的觀念。」

一般而言，神明指示我們往哪個方向走，背後所考慮的因素非常多，當然也包括命、運、時的因素，一般人很難想像。人可以看到六十甲子，但神明可以看到一百二十甲子；

比人看得更高、更遠，這就是人與神的差別。當祂要我們往這個方向走時，一定有祂的原因，前提是我們要先有方向請祂幫忙選。如果連方向都沒有，祂便無法、也不知道如何告訴我們。

再說得具體一點，當我們走到十字路口時，東西南北不知哪一個方向對前途比較有發展性，這時問神該走哪條路才好，這樣才合理，問起來也最準確。

因此，找幾個有可能的方向，是我們人要做的事；幫我們選一個正確的方向，則是神明在做的事——也就是神占五分的責任，人占五分的責任，神與人各分擔一半，那加起來就是十分了。

這位先生也真的按照這樣的問事原則跟宗旨，篩選過濾幾間適合他上班的公司，一個禮拜後南下高雄再問一次。這一次神明果然幫忙選了一間適合他未來發展的公司，現在，他已經是一間科技公司的研發經理了。

不管問神、拜神還是求神，都不能過度盲目，自己要有思考的空間。一旦產生依賴心，只會使道教在社會觀感中，更加讓人覺得過度迷信、很沒有安全感。

問神不敗圖解案例

狀況：還要不要繼續做目前的工作

釐清問題

這種問法很危險，應該先找其他有興趣的工作當選項，再來問神

回去認真過濾、篩選後，列出幾間合適的公司

帶著先前列好的選項，再次前來請神明幫忙做出最佳選擇

遵照神明指示選擇換工作，現今已成為新公司的研發經理

問事心法 1
只有目前的工作可選擇時，不要問神明說該不該辭職，若問出的結果是辭職，生計可能又成一大問題

問事心法 2
自己沒想法、不思考，完全依賴神明是錯誤的觀念

導致失敗的問事地雷

盲目依賴無法得到好結果

很多人認為不知該怎麼做時，當然要來問神。神明雖然能看到人所不知道的命、運、時，但如果連個方向都沒有，祂也無法告訴我們該怎麼走。

王博士小叮嚀

問事業的重點

問神不管是問神、拜神還是求神，都不能過度盲目，自己要有思考的空間。因此，在問神時，別忘了要先有選項讓神明協助選擇——神占五分，人占五分的責任，各司其職，各守本分，神與人各分擔一半責任，那加起來就是十分了，問工作也是一樣的。

經過人、神共同合作，彼此達成共識所問出來的結果，其準確度最高，也最令人信服。如果沒有經過自己先篩選有興趣及在能力範圍內的選項，而發生神明指示的答案與自己的興趣不合或所學不符者，導致根本無法實現，那麼問神就沒有意義了。

1想換工作時，不能光問「目前的工作要不要繼續做下去」，而是要先挑出現在的工作之外，其他有興趣卻不知如何抉擇的工作選項，再來請神明協助決定。

2請神明幫忙找工作是非常錯誤的觀念。

3冷靜思考、謹慎詢問，在問經營生意的事時特別重要，因為如果第一步就問錯了，接下來很可能會步步皆錯。

4就算問出好結果，也別忘了要努力，以免浪費掉神明的指示。

經營生意方面的問法

要經營一個事業，說實在的並不是那麼容易，不過就算多麼困難，也要想辦法克服。很多人就是因為生意經營得不好，收入與支出之間無法達到平衡點，迫不得已，只好黯然提早結束營業。

然而，這些都是後話，如果一開始就有周全的計畫，再加上知道怎麼問神明這方面的問題，也許要達到鴻圖大展、門庭若市的目標，就不是遙不可及的夢想了。因此，這個章節就要來教導大家，應該要怎麼問神明有關經營生意方面的問題。

先決定未來方向

在一個星期天的下午，約三點多，一對夫妻從臺南開車過來，主要想問事業方面的問題。老師問這位先生說：「你要問的是有關哪方面的事業呢？」

這位先生回答道：「我想自己做生意，不知道好不好？」

「那你有想做什麼樣的生意嗎？」他說現在還沒規劃。

一聽到這樣的答案，老師就跟他說：「這樣我們沒辦法幫你問。你現在對於自己想做什麼生意都不知道，表示你對未來還沒有方向，如此神明要怎麼回答你的問題？」

旁邊的太太緊接著問老師說：「那我們應該要怎麼問呢？」

「要問做生意方面的問題，一定要很謹慎。如果第一步就問錯了，接下來很可能就步步皆錯。所以，首先要做的就是，你們夫妻先討論一下未來想做什麼生意，多選幾個你們喜歡或有興趣的選項，再問神明做哪一種生意未來才比較會賺錢，這樣才是正確的思路。決定之後，我再教你們要怎麼問。」

這對夫妻馬上開始腦力激盪，評估各種可能，規劃出三種他們想做的生意。

地點的選擇

這對夫妻規劃出他們想做的生意後，便立即問神明哪一種生意最適合他們夫妻經營，最重要的是要會賺錢。在這三個選項中，神明指示他們最適合經營早餐店。這個時候，老師又跟這對夫妻說：「如今你們已經知道要做哪種生意了，我要再問你們一個問題——你們將來的店面是自己的還是租賃的？」

他們回答是要用租賃的方式。

「如果要用租賃的，我建議你們今天就問到這裡為止。下一個階段你們要做的，是回去找幾家你們看了覺得不錯的店面，然後把地址抄起來，再來請神明幫你們查一下，哪一間對你們做生意比較有幫助。

一間店面的格局對生意能不能做得成功很重要，我曾經看過很多人因為忽略這一點，到最後生意根本做不起來。甚至還有些人店面都已經租好了，才來問神明好不好，結果神明只回答一句話：『既然都租了，就不用再問了。』這是本末倒置的問法。

我真心建議你們，問生意方面的問題一定要很謹慎，將各方面都考慮到，千萬不要急，要有點耐心。」

在老師的提醒之下，這對夫妻當天回去就開始積極尋覓適合開早餐店的店面。一個禮拜後，夫妻倆總共找了七家店面。經神明調查，最後選定靠近他們住家的那一間。

開幕日期與時辰的選定

整個程序現階段已經完成規劃未來方向與店面選定，接著老師就再交代這對夫妻說：「從一開始你們主要是問生意方面的問題，直到今天，終於只剩下最後一個階段——那就是開幕日期跟時辰的選定。不要以為這是個小問題，因為這個部分也是整件事情成敗的重要關鍵之一。」

老師繼續說：「之前有一位中年婦人因為家中的生意不好，來問到底原因出在哪裡。一問才知道這位婦人家中生意不好的欠點，是當初開幕的那一天選到最不好的時辰。在最不好的日子裡，也有最好的時辰；相對的，在最好的日子裡，也有最不好的時辰。

具體來說，就算有地利、人和的條件，可是缺少了天時的輔助，效果也會受到限制。所以，你們夫妻再大約估算一下，如果店面要裝潢，差不多要幾個工作天、所有的設備都設置完成時，大概要多久，那時再來選定開幕日期跟時辰。」

當所有的事情皆已籌備完成，開幕日期與時辰也已選定，這對夫妻又問老師說：「現在還需要再問些什麼嗎？」

老師回答他們說：「已經不太需要問了，可是如果你們還不放心的話，那就換一個角度，也就是問神明：『還有沒有其他事要特別交代的？』這種問法的意義，就是確認我們有沒有忽略掉其他沒有注意到的地方。」

不能只靠神明

結果神明還真的有交代這對夫妻一件事：「神明該幫你們的，該做的事都已經完成了，接下來要靠你們夫妻好好的經營生意。千萬不能因為神明指示做這個生意好就產生依賴心不經營，一心只等著天上掉下錢來。如果有這種心態，那神明也幫不了你們。」

後來這對夫妻的早餐店生意做得很好，因為誰也想不到，在開幕後不久，竟然有財團在附近發展一個商圈，更加帶動附近商家的生意。也許這就是當初在選店面時，有問過神明、未雨綢繆的結果吧！

問神不敗圖解案例

狀況：一對夫妻想做生意，但還沒想好要開什麼店

→連要做什麼生意都不知道，就沒有辦法問神

↓ **釐清問題**

先列出幾個想開店的類型→神明從中選擇，表示開早餐店最適合

> **問事心法1**
> 如果心中沒有想開的店，就別問開店好不好。問事前，先列出想開的店的類型是最基本的功課

↓

決定開店種類後，確認夫妻有自己的店面或要用租的→要用租的，問事先告一段落，開始尋找合適的店面

↓

最後找到七家店面，並帶著篩選過的店面請神明選擇。神明指示離家最近的那個店面最好

> **問事心法2**
> 列出幾個中意的店面，請神幫忙挑選。千萬不要租了才問神好不好，這樣就本末倒置了

↓

待店面的裝潢、設備安置大致完成時，再來請示開店時機。最後仍舊不忘請示是否有特別的交代。

> **導致失敗的問事地雷**
> **天時、地利、人和，缺一不可**
> 做生意牽涉到大額的金錢，一定要很謹慎，店面和開店時機都應考量在內。待一切到位之後，也別忘了「人和」的重要——用心經營。

神明的慈悲&媽媽的堅強

在失業率居高不下的現在，能有份穩定的工作似乎就很值得感恩、知足，然而，有些人不幸遇到跟上司不合，甚至刻意刁難的情形，讓事業方面的煩惱增加了不少。為此辭職似乎有些可惜，但刁難的情形如果嚴重起來，難免會影響到工作情緒，甚至還有可能因此飯碗不保。

在一個秋高氣爽的下午，有一位中年婦女獨自前來問事，她在坐下來之後，開始對我表明今天前來問事的理由：

「王老師，我是一個單親媽媽，先生已經往生十幾年了。我目前在高爾夫球場當桿弟，最近因為公司人事調整，很多部門都出現了異動。異動後，所有的新組長與組員全是年輕一輩的人，新來的主管因為考量人事成本，開始勸年資久的桿弟提早申請離職，我就是被主管勸退的其中一個人。

照理來說，桿弟的合約是每年跟球場簽訂一次，然而，因為我年紀比較大的緣故，新主管竟對我百般刁難，要求我在合約未滿之前就申請自願離職。

我這十多年全靠這份微薄的薪水養活孩子，雖然孩子至今都已經成家立業，但年輕人有他們自己的貸款要還，我現在住的房子也還有四年的房貸未繳清，實在不願意失去工作，成為孩子的負擔。

我辛苦一輩子，就是冀望著這筆退休金，明明距離退休、領到退休金只剩一年的時間，卻被主管要求提早離職……

今天來找王老師，是想請王老師幫忙，看看神明能不能指引我一條明路，保佑我撐到明年的法定退休年紀。另外，還想問問領到我應得的退休金養老後，有沒有機會能再繼續工作下去。」

問事的方向是重點

聽完婦人的敘述之後，我先向神明稟明她的問題，然後才開始請示。這裡要特別注意的是，問事的人一定要思考這件案子要從哪一個方向去問，問出來的結果才會比較合邏輯、比較準確。

最後，在經過幾個問題選項的擲筊之後，神明指示要出「明年可以準備退休」的籤詩給這位婦女。

抽出來的籤詩及順序如下：

第一支籤詩：

庚子籤	
蔡君謨作陳三詩	
運逢得意身顯變，君爾身中皆有益， 一向前途無難事，決意之中保清吉。	
解籤歸納：時機到，順勢而為	

第二支籤詩：

乙丑籤	
王昭君被貶入冷宮遇漢王選入宮	
雲開月出正分明，不須進退向前程， 婚姻皆由天註定，和合清吉萬事成。	
解籤歸納：個性	

第三支籤詩：

壬戌籤	
王月英相國寺誤佳期	
孤燈寂寂夜沉沉，萬事清吉萬事成， 若逢陰中有善果，燒得好香達神明。	
解籤歸納：運勢低，需等待起運	

解籤重點

神明既然賜了「明年可以準備退休」的籤詩，那籤詩就必須朝這方向下去解，而且關鍵就在這八個字（明年可以準備退休）和抽出來的三張籤詩。

整合了這三張籤詩的內容後，我便開始對這位婦人解釋。

第一支籤詩

「神明是要告訴妳，妳目前的運勢還算是平順，雖然偶爾會遭遇到一些人事上的刁難，但現階段在工作上並不會有多大的困難。至於為什麼會被刁難，我會在解釋第二張籤詩時提到。

總之請放心，以最終的結果來看，妳『要做到退休』的這個心願，神明是可以幫妳達到的。」

第二支籤詩

「王昭君是個很正直的人，但就是因為講話太直而得罪了毛延壽，最後導致她被打入冷宮。

同樣的，以第二張籤詩來看，神明是要勸妳，有時候妳在公司對上司講話不要太過直白，語氣要學著委婉一點。

也許正是這個原因，才導致上司開始對妳有負面的觀感，也才會一直要求妳主動提出自願離職。

再說得更深入一點，問題點其實就在於妳的講話和性格，年齡只不過是當中的一個小問題。

如果不把這個問題點告訴妳，就算妳離職、之後找到別的工作，還是可能發生同樣的狀況。相反的，如果妳能改善這個問題點，情況也許會有正面的發展。」

第三支籤詩

「明年，等妳符合可以領退休金的資格後，神明建議妳應該考慮退休了，雖然妳還想要一直做下去，但是媽祖查到，那時妳在公司的狀況，將會像一盞孤燈一樣浮浮沉沉，事實上，這盞事業燈甚至可能會在明年滅掉；如果妳選擇到了那種情況才離職，就可能不如妳事先提出離職那麼順利了。

歸納這張籤詩裡的重點，也就是說離職的時機點很重要，而神明已經先幫妳查到那個時候的情形了，所以才會建議妳，等妳明年退休時機一到，就準備退休吧！」

聽完了我的解籤，這位婦人馬上就用有些不好意思的口吻說：「王老師，實情確實是這樣沒錯，我當時因為不能接受提前離職的要求，對我上司說話的口氣很不好，唉！我說話急躁的個性就是一直改不了，不知道王老師你可不可以給我一點建議？」

融合心理學提升成功率

在修習博士學位時，我修過有關談判及心理學的課，也曾經拿學到的技巧與我自己的學生分享。

這些技巧其實非常實用，可以運用在生活中的許多層面，運用得宜的話，就能讓心中的目標更順利達成，我於是先講了一個故事：

「有一位老沙彌有兩個徒弟，有一天，這位小徒弟就問他老師說：『老師，坐禪的時候可不可以抽菸？』

這位老師一聽，馬上一巴掌打過去說：『胡鬧，坐禪時怎麼可以抽菸！』

大徒弟看到這種情況，在心裡暗自竊笑：『師弟好笨喔！』

於是，大徒弟換了一種說法來問老師同樣的問題。『老師，老師，抽菸的時候可不可以坐禪啊？』

老沙彌一聽，立刻眉開眼笑的對他說：『我的乖徒弟啊，想要坐禪，什麼時候都可以坐呀！』」

聽完了我的分享，這位婦人馬上笑了出來。「我懂了，我懂了！王老師，謝謝你。」

就在婦人來問事之後的兩個禮拜，她特意回到宮裡感謝神明的幫忙，並眉開眼笑的對我訴說目前的工作情況。

她說：「王老師，自從你上次要我留意自己的說話態度後，我跟同事、上司的相處情形都改善了，最令我開心的是，我的上司已經正式承諾我，會讓我做到退休年齡期滿、拿到退休金為止！」

問事中的歸納與思辨

從這個案件我們可以學到：

第一，為什麼會說「明年可以準備退休」這八個字是重要關鍵呢？這是因為：既然神明出了這種籤詩，那就代表這份工作有百分之七十的機會可以做到退休，不然神明是不會講這八個字的。

第二，在顯性方面，雖然已經指示可以做到退休，但還有百分之三十的潛在問題，神明需要靠籤詩來補充說明。這百分之三十的潛在問題，就是當事人的個性及若屆滿不退，她又將會遇到什麼情況。

第三，以心理學的角度來看，人在面對充滿不確定性（uncertainty）的未來時，通常會感到惶恐、沒有安全感，因此我們也必須顧慮到當事人的心理狀態，適當給予心理穩定性才好。

在整個問事過程中，如果能把這三者加以整合，正反思辨、分析，然後再做歸納，問出來的答案就會比較符合神明的要求。

「考試事件問法」流程圖

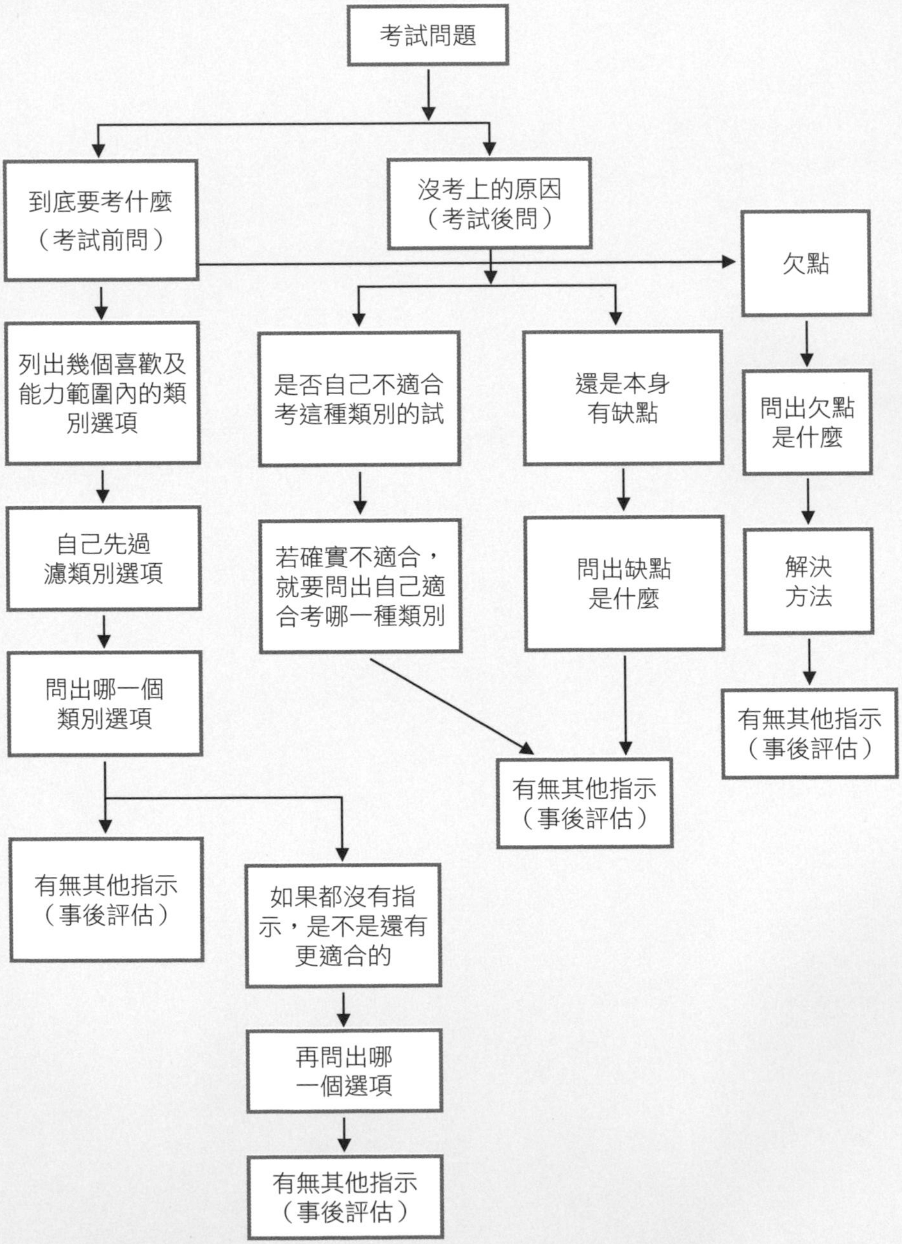
考試問題
到底要考什麼
（考試前問）
沒考上的原因
（考試後問）
欠點
列出幾個喜歡及能力範圍內的類別選項
是否自己不適合考這種類別的試
還是本身有缺點
問出欠點是什麼
自己先過濾類別選項
若確實不適合，就要問出自己適合考哪一種類別
問出缺點是什麼
解決方法
問出哪一個類別選項
有無其他指示
（事後評估）
有無其他指示
（事後評估）
有無其他指示
（事後評估）
如果都沒有指示，是不是還有更適合的
再問出哪一個選項
有無其他指示
（事後評估）

陸

怎麼問考試的問題

每年都有非常多的善男信女為了考試來問神明，問題雖然都不一樣，但有一個相同之處，那就是期待自己能「金榜高中」。是很遺憾的，他們所問的問題與問的方法，大部分都不正確。為了幫助這些用心苦讀的考生們，這個章節就來解答問考試問題的訣竅。

考前的問法——到底要考什麼？

四月某一個星期六的下午，有兩男一女走進來，相貌看起來非常年輕，年齡應該都在二十歲上下。三位年輕人一臉緊張地看著工作人員，好像有話又不太敢講。看到這種情形，工作人員心裡想，他們可能是第一次問神明，沒有經驗，不知道接下來該怎麼做。既然如此，當然得主動了解一下他們今天來的主要目的。

兩位先生分別是小姐的大哥、二哥，來這裡是因為他們的小妹想準備報考公職人員，所以來問神明考試方面的問題。聽完兩位兄長的敘述，工作人員就問這位小姐說：「妳想要問什麼？」她回答說：「就是問考試啊！」

「我知道是問考試，可是妳要問考試哪方面的問題呢？若連妳自己都不清楚要問什麼，等一下我們可沒有幫妳問的目標耶！」

兄妹三人完全不知道該如何回答。小姐的大哥問：「那可以問我妹她要考什麼嗎？」

正巧老師剛剛才幫一位考生處理完問題，便走過來對這位小姐的大哥說：「剛剛離開的那位先生也是來問考試的，愈接近考季，就愈多人問這方面的問題。現在換我問你，如果剛才那位先生問你，他應該考什麼，你要如何回答？」

大哥回答說：「那要看他想考什麼啊？」

「非常好，」老師說，「既然你知道要回答『先看他想考什麼』，那你妹妹的情形也是一樣啊！如果你妹妹連自己要考什麼都不知道，那要怎麼幫她問？要是問出來的答案不是你妹妹有興趣、想考的項目，或者不是擅長的科目，你妹妹還會去考嗎？如果不去，今天來問神明不就白問一場了嗎？」

兄妹三人聽完老師對問神原則的解釋，點點頭說：「那我們該怎麼問呢？」

老師教導他們，要問考試的問題，有六個步驟要先了解：

①先想一想，你到底想要考什麼？

②列出幾個自己有興趣，以及本身能力範圍內的幾個選擇方案。

③請問神明哪一個方案對你比較有前途，也比較有機會考上。

④假設發生列舉的幾個方案，神明都沒有指示，就表示一定有其他原因，這時要再追問神明到底是什麼因素。

⑤原因是不是出在這幾個方案都不適合，還是神明查到還有更合適的。

⑥若是上述的原因，就要再多想幾個方案，再請問神明哪一個方案比較適合你。

這樣的問法比較有程序性和邏輯性，是神、人共同合作，經由彼此達成共識所問出來的一種結果；其結果準確度最高，也最令人信服。

要是沒有經過這個程序就問神明，結果卻發生神明指示考土木營造相關的科目，但當事人的本職學能卻是服裝設計，這時到底要不要去考？

就算想考又考不上，就會對問神得到的結果漸漸開始產生懷疑——這中間到底問題出在哪裡？到底是神錯了？還是人錯了？

考試後的問法——了解沒考上的原因

兄妹三人聽完，頻頻點頭認同這種問神的原則與方法。此時，這位小姐的二哥就問老師，他之前有報考郵政相關的考試，但連考兩次都名落孫山，「像這種情形要問神明，我該怎麼問呢？或者我可以問我到底有沒有公務人員的命？」

老師點點頭對這位年輕人說：「你問得很好，你問了一個大多數人都不知道要怎麼問的問題。」如果考了幾次都沒考上的話，可以針對幾個方向請問神明：

是否自己不適合考這種類別的考試

曾經有一位老先生的兒子報考高等考試的某一種類別，但是連續考了三次都沒考上，老先生經朋友介紹來問神明。

問過神明後，才知道他的兒子根本報考錯類別——也就是他命中跟這個類別的考試沒有因緣。那要怎麼辨呢？神明要他兒子本人來，才願意做進一步的指示，因為老先生根本不了解高等考試的資訊，就算有話要交代，他也無從了解起。

老先生馬上聯絡兒子，請他過來一趟。等到兒子來了，才發現他根本就不相信宗教這方面的事，連問都沒問，便丟下他的老父親，頭也不回地走了。兒子走了之後，只見老先生一直搖頭嘆氣。這件事情最後也就不了了之，草草結束了。

一年後的某一天，老先生又帶他兒子來了，原來他兒子今年依然沒有考上。也許真的受到挫折，所以這次是年輕人主動提起，請父親帶自己來問，想看看問題到底出在哪裡。結果是：一年前問過的事，事隔一年再問，答案還是一模一樣——考錯類別就是考錯類別。年輕人看到這種結果，便問現在應該要怎麼辦才好？

如果確實不適合，要問出自己適合考哪一種類別

年輕人按照前面提到的那六個步驟，一步步問自己到底適合考哪一種類別。他也列舉了五個選擇方案，請神明幫忙查明，到底這輩子自己適合考哪一種。

最後神明指示他應該要去報考警察，並且交代，如果他願意去考，神明會助他一臂之力。年輕人這次總算把神明的話聽進去，乖乖去報考警察。

非常幸運地，隔年他馬上就考取了。之後還特地過來感謝神明幫忙，當時他說了一句話：「如果當時早點聽進神明的話，並按照指示走，人生就不會浪費這麼多年的時間了。」

要知道問有關考試方面的事情，神明首先會去查你的時運、命格、福報，這些是會影響一個人一生命運時機走向的因子。換句話說，神明最後指示出來的答案，一定都是經過多方審慎評估後的一個結果。但如果你仍不相信祂們，那也沒什麼錯，一切隨緣就是了。

還是本身有缺點

如果上述的方向都沒有任何指示，就代表你考的類別沒有錯，因此得朝本身的缺點下去

去問了——當然只有自己最清楚自己的缺點。另一個案例是有一位先生考了好幾次書記官都沒成功，來問以後，神明卻指示他考不上的最大原因是「心志動搖」，沒其他原因。換句話說，如果神明做這種指示，就表示並沒有其他大問題，只要專心，要考上的機會是很大的。

至於為什麼神明會說這位先生心志動搖呢？經深入了解，原來他曾在考試前算命，結果算出來是考不上。

就是這句「考不上」成為他內心長久以來的陰影，每逢考試就想起這句話，導致他無法專心念書和作答，所以神明才會指示他說：「只要意志堅定，考上的機會很大，因為你適合考這種類別。」

這位先生一聽到神明的鼓勵，整個人馬上信心大增，精神了起來；原本已經快枯萎的心，瞬間活了過來。從此發憤圖強，也是隔一年就考上了書記官。

三兄妹聽完後很開心地說，本來僅僅單純來問考試的問題，想不到竟獲得問神明問題的重要觀念，當中還有這麼多原則！

至於這位小姐要問的問題，當然也遵照這些步驟一步步詢問。神明指示她適合考社工方面的類別，如今她已是具有正式證書的社工了。

總之，問神不能天馬行空的亂問，也不能過度依賴。一定要先經過自我省思跟層層過濾，再來問神明，如此問出來的結果才會準確，這樣的信仰才是信而不迷。

王博士小叮嚀

問考試的重點

問神問考試方面的事情，神明會去查你的時運、命格、福報等影響一個人這一生命運走向的因子，最後才會指示出經過多方審慎評估的答案；另一方面，在問問題時，一定要先發揮智慧，省思、過濾，然後提出問題，再由神明替我們檢視、指示出最適合的方向和解決辦法—神、人各司其職，各守本分，問出的答案才會比較準確，也比較不迷信。

1 選考試方向時，心中應該要先有幾個有興趣的選項，再來問神明哪個比較有前途、比較有機會考上。

2 如果常常考不上，應先確認自己是否跟這一類考試沒有因緣—如果命中注定沒因緣，很可能怎麼考都考不上。所以接下來要再繼續問與哪一類考試較有因緣。

3 若神明指示，不是考試類別的問題，那就要改問自己是否有什麼考試上的缺點，然後針對這缺點去改善。

問神不敗圖解案例

狀況：老先生的兒子連考三次高考都沒考上，老先生前來詢問問題何在

↓ 釐清問題

經神明調查，這位先生根本考錯類別，所以一直考不上→兒子完全不相信，因此不了了之

問事心法
若問考試一直考不上，可先請神明確認報考的類別適不適合自己

↓

一年之後，兒子因考試再度失利，主動要求父親帶他來，事隔一年後再問神，答案仍是「考錯類別」

↓

兒子按照自己的能力、興趣列出五個方案→神明調查後表示，報考警察最適合

↓

遵照神明指示報考警察，果然在一年後如願考上

導致失敗的問事地雷

盲目依賴無法得到好結果

詢問考試的事情時，神明會調查你的時運、命格、福報，指示出最適合你的選項。在問問題前，自己也要審慎評估，神、人各司其職，才能圓滿達成所願。

問神達人王崇禮神奇辦案

飛越萬里的問事

一位長期旅居國外的媽媽，為了兒子的考試問題傷透腦筋。有一天看到我上《新聞挖挖哇》節目分享問事的概念，竟然特地搭飛機回臺，來向我詢問兒子目前遇到的問題。

這位媽媽向我表示：「我兒子目前就讀高中，高中時期GPA非常好，幾乎快到4.0，現在正在申請大學。

小時候，我兒子對各種新奇事物就充滿好奇心，也喜歡研究醫學相關的知識，長大後，他立志要當一位醫生，為了追求這個夢想，很少有鬆懈下來的時候，總是日以繼夜的挑燈苦讀。去年，他報考了幾間學校，沒想到考試成績卻都不如預期，除了某間大學有口試機會外，其餘皆石沉大海。

這樣的結果讓他的信心受到嚴重的打擊，原本充滿鬥志的熱血也完全被澆熄，成天將自己關在房裡，足不出戶。

這段期間雖然有許多家人朋友不斷地鼓勵我兒子，他卻始終意志消沉。我這次特地搭飛機返臺，就是想請王老師幫幫忙，讓這個孩子能重建對未來的希望。」

聽到這位母親如此擔憂，我馬上安慰她說：「妳這般不畏辛苦，搭了幾乎二十幾個小時的飛機奔波前來，相信慈悲的神明一定會幫助妳達成心中所願。」

開始問事步驟

首先，我先擲筊請示神明，醫學系這條路是否適合這位母親的兒子。經過幾番的擲筊後，神明指示醫學系的確是適合這孩子的一條路。

聽到了這樣的答案，這位媽媽既開心又疑惑的問我說：「王老師，既然醫學系是適合我兒子的路，為什麼這幾次考試都屢屢戰敗呢？」

「別擔心，神明既然做出這樣的指示，就一定會指示妳達成心願的方法。我現在就幫妳問問看，考試不理想的原因何在。」

要學會正確的問神方法，首先一定要懂得切割問題：如果幾次考試下來，成績都不盡理想，就應該仔細思考可能的因素：是否念書時集中力不佳？是科系不適合嗎？還是受到朋友的不良影響？又或者以上選項皆非，當中另有欠點？

總而言之，問神一定要先從「找問題」這個步驟開始。就在我拿了上述的問題一一向神明請示後，神明卻指示，事情的關鍵不在上述問題，並且還指示我們，有其他的事要事先說明。

於是，我一邊了解這位媽媽家中的狀況，一邊擲筊詢問神明，在層層抽絲剝繭並配合神明的指示下，終於找出了「根本問題」所在——就是供奉於大廳木桌上三尊「未開光」的神尊。

看見神明指示出問題出在家中神尊上，這位母親很著急的詢問說：「王老師，神明的意思是說，我兒子考試成績一直不理想，是家中神明的關係嗎？那該怎麼辦呢？」

「別著急，我們現在就來確認看看，問題點出在哪裡。」於是我繼續請示，「這位母親家中的神尊，是不是已經有不好的靈進去了？」

「叩、叩！」這次擲下去卻只得到兩個聖筊，也就是說，答案已經接近了，但還有隱情需要說明清楚，於是我又請示神明，是否要賜籤詩說明，當場便毫不含糊的得到了三個聖筊。於是我們便按照抽籤程序抽出了以下籤詩：

庚戌籤

聞太師征北伐西岐

一重江水一重山，誰知此去路又難，
任他解救終不過，是非終久未得安。

解籤歸納：欠點

解籤

我對這位媽媽說：「神明是想要告訴妳，家中神像的欠點影響了這個孩子的求學之路，所以醫學院的考試才會宛如跋山涉水，越過重重山嶺，到現在都還無法達到自己所設定的目標，確實艱辛無比。」

但是，為什麼神明一開始沒有針對小孩的學業指示，反而要先指示其他要事呢？還特別指示要賜籤詩說明神尊的問題。這就是解籤的要領所在，也就是說，影響學業的癥結不在孩子身上。

講明一點，考得不理想並非孩子不夠用功，而是出在無形的因素上，即神明所指示的「欠點」——三尊未開光的神尊。如果沒有設法找出這個問題點，並且解決它，孩子即便再怎麼努力用功，也難以達成心中的期望，因而造成孩子心中鬱悶的「病源」。

既然要解決三尊神尊所造成的欠點問題，就得先了解一下三尊神尊的由來，於是我問這位媽媽說：「家中的這三尊神尊從何而來呢？」

「是多年前親戚搬家時，親戚送給我結緣的。」

「那位親戚家中當時的家運如何呢？」

「許多年前，親戚家道中落，先生因為生意失敗，想不開而輕生，在這之後，遺孀便離開了臺灣這個傷心地，自此旅居國外。幾年前搬家時，她跟我說新家的空間不足，想把家中的神像送給我結緣。我向來篤信佛教，自然也就歡喜的接受了，還特地把神像一起帶出國，買了個神桌，每日禮佛時檀香念佛……」

聽完了這位媽媽詳細道出神像的來由，我總算明白考試的欠點為什麼會出現在三尊神像上了，於是，我趁這個機會跟這位媽媽分享了一個重要觀念：「妳想想看，如果家裡有拜神，而且祭拜之後運勢順遂，怎麼會輕易將守護家裡的神贈予別人結緣呢？」

在這裡，我想藉由這位媽媽的例子提醒大家，在歡喜收下別人贈予的神像之前，一定要先思考這層道理，之後再做決定。再者，未經開光的神尊，萬萬不可點香，否則很可能在不知情的狀況下，埋下日後的困擾與危機。

科學問事的三個階段

最後，我想再次向各位強調，問神明問題要有階段性：

1 一開始都還不知道問題出在哪裡的時候，問的方向就要朝「找問題」下去問，意即：有沒有欠點？先確定問題的源頭在哪裡。

2 倘若問題找到了，問的方向就要朝「如何解決」下去問，意即：確定療程，開處方箋，對症下藥。

3 問題解決完之後不要高興得太早，記得還要向神明確認「是否已經處理完畢，還有沒有其他要注意的地方」，意即：做事後評估。

於是，這位媽媽與王老師一起到國外處理神尊的問題，處理完之後，神明了解為人母心中的擔憂，最後又補充了一點，好讓這位媽媽安下心來。「這個欠點圓滿處理完後，孩子的學業之路便會漸漸平順，醫學這門科系很符合他的興趣，只要家人再多點鼓勵，使他重拾信心，興趣加上努力，未來的發展指日可待。」

這位媽媽聽到神明如此指示，立即開懷的露出笑容，剛開始來問事的陰霾表情也一掃而空。

由此可見神明的慈悲，不但處理事情的態度謹慎且面面俱到，對人、對靈都做好了妥善的處理，更會顧慮到周遭家人擔憂的心情，並適時的予以安慰。

我從國外回來之後大約三個禮拜，便收到這位媽媽的來信，信中說明她日前接獲大學的通知，說她的兒子筆試通過，接下來就是要安排口試了。

聽到這個消息，我的心情也開心了起來，除了恭喜這位媽媽，也不忘再三交代她說：「記得幫我轉告妳兒子，接下來仍舊要認真準備口試，有需要時，我可以傳授他幾招口試時的技巧和該注意的地方。

我擔任口試官有好幾年的經驗了，很清楚口試的重點及需要特別留意的事項，如果你兒子知道了，相信對他之後的面試會很有幫助。」

這對母子聽到我這麼說，都非常高興，開心之餘，兒子竟開玩笑的跟我說：「老師，真的很謝謝你的幫忙，假使我如願當上醫生，以後你生病來找我都不用錢喔！」

我聽了以後哈哈大笑說：「我？生病？出國看醫生？是要搭船還是搭飛機去？真是謝謝你的好意喔！」

看到這位年輕人能重拾笑容，甚至如此活潑的開玩笑，我心中頓時感受到神明無限的慈悲及眷顧，衷心希望他能早日達到夢想，成為一位濟世救人的好醫生，至於他承諾的免費「醫療招待」，我看我還是心領就好。

「學業事件問法」流程圖

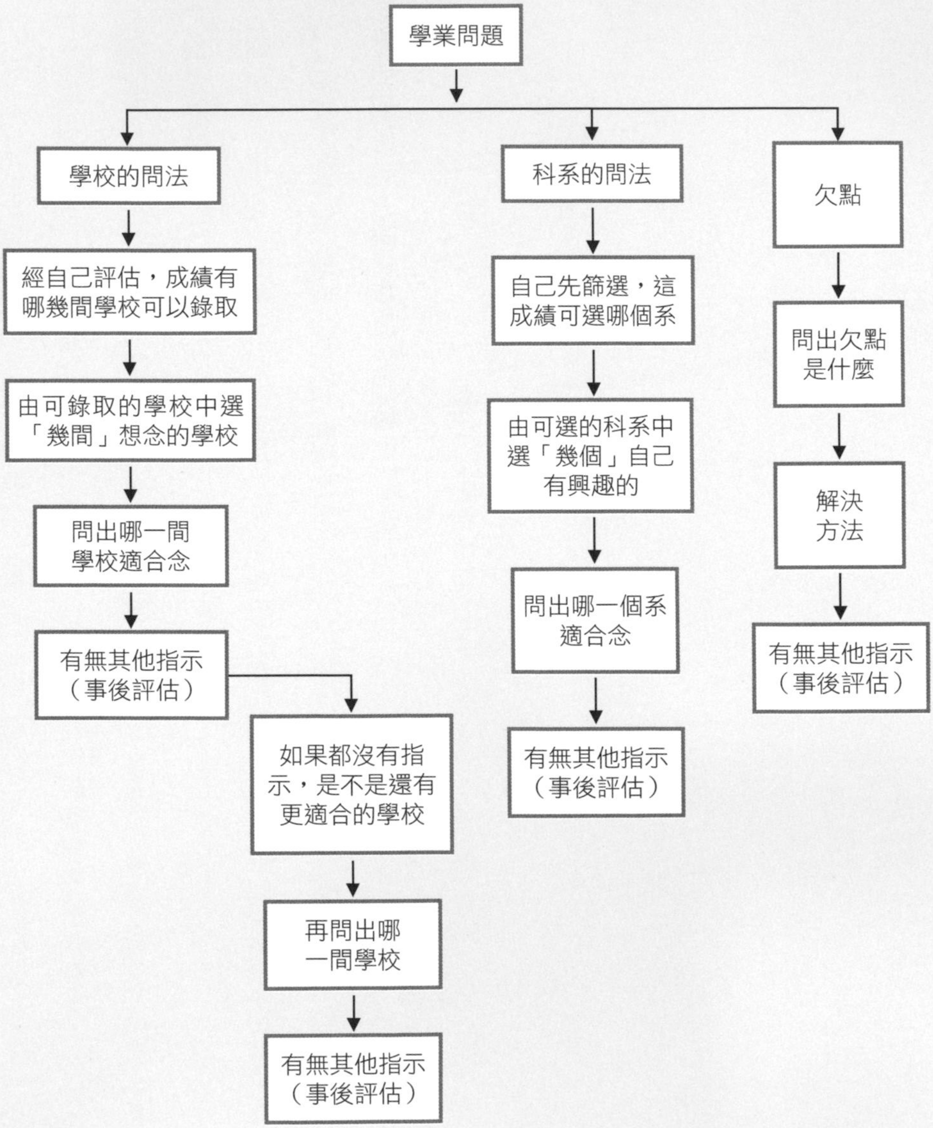
學業問題
學校的問法
經自己評估，成績有哪幾間學校可以錄取
由可錄取的學校中選「幾間」想念的學校
問出哪一間學校適合念
有無其他指示（事後評估）
如果都沒有指示，是不是還有更適合的學校
再問出哪一間學校
有無其他指示（事後評估）
科系的問法
自己先篩選，這成績可選哪個系
由可選的科系中選「幾個」自己有興趣的
問出哪一個系適合念
有無其他指示（事後評估）
欠點
問出欠點是什麼
解決方法
有無其他指示（事後評估）

柒

怎麼問學業的問題

天下做父母的，無不希望自己的兒女平平安安，望子女成龍鳳更是為人父母者畢生最大的心願。我看過非常多父母來問自己兒女的學業問題，雖然人同此心，心同此理，但我發現絕大部分的父母所問的問題既不正確，問法也不對。

為了幫助莘莘學子們，更為了體諒天下父母親的辛勞，這裡要教導大家怎麼向神明問學業的問題。

不要問已成事實的問題

一個週末的晚上，一位四十多歲的婦人跟一位男生一起走了進來。經了解，這是一對母子。這天剛好是大學學測考完的日子，這位媽媽來的主要目的，是想問他兒子今天學測考得怎麼樣？可不可以考上理想的學校？

老師聽完這位媽媽的陳述，就對她說：「我能理解身為父母親擔心子女學業成績的心情。可是如果今天是要問妳兒子學測考的結果如何，那就不需要費心問神明了，問的問題也不是很合理。為什麼呢？因為都已經考完了，想要知道結果，等收到成績單後不就都知道了嗎？為什麼還要問呢？問神明問題盡量不要問已成事實的事，因為問這種問題沒有多大的意義。問一些沒有意義的問題，只怕更會顯得道教是不是任何事都可概括承受、毫無宗旨可言。我們要了解一件事——問出來的答案準不準確，問題的本身非常重要。」

這位媽媽聽完後，笑著說：「原來要問神明問題不是想像中那麼簡單，我還以為什麼事都可以問。那我現在可以問我兒子要讀哪一間學校，以及選哪一個科系比較好嗎？」

老師對這位媽媽說：「可以是可以，但不是這個時候問。」

「那應該在什麼時候問呢？」這位媽媽好奇的接著問。

要問這種問題，而且要問得很準確，合理的步驟應該是這樣：

學校的問法

①收到成績單後，先知道自己的成績落點。

②經過自己評估，看看這個成績有哪幾間學校可以錄取。

③再由可錄取的學校當中，挑選「幾間」自己想要念的學校。

④不知道要選「哪一間」學校時，這時候再來問神明，哪一間學校最適合你就讀。

科系的問法

①先經過自己篩選，看看這個成績大概可以選哪一些科系。
②再由可以選的科系當中，挑選「幾個科系」是自己有興趣念的。
③自己無從決定要選「哪一個」科系時，再問神明，哪一個科系對未來最有幫助。

要問神明一個問題，盡量要問得簡單明瞭，不要複雜化。以這位媽媽的例子而言，她的兒子學測剛考完，不知道成績，可以選哪一所學校、哪一個科系，都還是未知數。所以，要掌握一個重點：我們先發揮智慧思考；神明接著幫忙檢視我們的思考有無錯誤之處，再指示我們哪一個選擇方案對我們的未來最有幫助。神、人各司其職，各守本分，這種問法才是「最準確的」。

後來這位媽媽在他兒子考試成績揭曉後，再一次過來按照我們教她的問法步驟，每個階段按部就班地問下去，當然，神明最後也幫她兒子選擇一間理想的學校，以及適合念的科系。現在這位媽媽的兒子不僅大學畢業了，也順利考取研究所。值得一提的是，這位男生在大學快要畢業前，也是依照考前、考後不同階段的問法，最終順利進入心目中理想的研究所。由此可見，只要觀念正確，問法又合乎邏輯，就能皆大歡喜了，不是嗎？

問神不敗圖解案例

狀況：母親帶著兒子來詢問學測考得好不好

↓ **釐清問題**

既然已經考完，就不要問考得如何。若要問該讀哪間學校科系，也要等成績出來後再來問

> **問事心法1**
> 不要問神已成事實的事情，待成績出來後自然就會知道——這樣的問法毫無意義

↓

母親在兒子成績公布後，先評估考試成績可錄取哪些學校，再從中選擇兒子有興趣的科系

> **問事心法2**
> 想要問適合念哪間校系，記得等成績出來後，再據此評估、問神

↓

帶著先前列好的選項，前來宮裡請神明幫忙做出最佳選擇

↓

兒子選擇神明指示的校系，最後不僅大學畢業，還順利考上研究所

> **導致失敗的問事地雷**
> **問適合的校系應有成績做參考**
> 問神明考試成績或者是會考上哪間學校，這些問題完全沒意義。考試後的正確問法應該是待成績出來後，依照考試成績評估落點，據此選出有興趣的校系，再請神明幫忙選擇。

問神達人王崇禮神奇辦案

一張餐巾紙折出錦繡前程

某個週末的早晨，一位高中女生為了大學該就讀什麼科系而前來請示神明，當時她對我表明，自己對藝術、設計相關的科系有興趣，而依據她所列出來的選項，神明指示出，若讀某學校的應用藝術系，對她的未來和發展最為合適。

得到神明的指示後，這位女生開始積極準備報考事宜，而為了準備術科考試，也開始勤跑畫室、練習手感。

某一次，她在練習時突發奇想，用餐巾紙做出了一件高雅又有設計感的婚紗禮服。在製作的過程中，她意外發現自己對服裝設計產生了濃厚的興趣，並因此對就讀應用藝術系開始產生了懷疑，便再次前來請示神明，改念服裝設計系是否更適合。

請示神明過後，結果是念〇〇大學的服裝設計系會比之前的應用藝術系更適合。

五張籤詩解疑惑

雖然對改選科系的指示有些不解，但這女孩對服裝設計更有興趣，自然非常高興。

為求謹慎，我擲筊請示神明是否有其他注意事項，神明賜籤詩解釋改選校系的原因：

第一支籤詩

丙戌籤

潘安中狀元

君問中間此言因，看看祿馬拱前程，
若得貴人多得利，和合自有兩分明。

解籤歸納：時機到，順勢而為

第二支籤詩

甲子籤

唐太宗坐享太平

日出便見風雲散，光明清靜照世間，
一向前途通大道，萬事清吉保平安。

解籤歸納：時機到，順勢而為

第三支籤詩

壬申籤

劉元普雙生貴子

看君來問心中事，積善之家慶有餘，
運亨財子雙雙至，指日喜氣溢門閭。

解籤歸納：時機到，順勢而為

第四支籤詩

壬辰籤

唐朝陳三藏往西天取經

東西南北不堪行，前途此事正可當，
勸君把定莫煩惱，家門自有保安康。

解籤歸納：尚有波折，終將化險為夷

第五支籤詩（戊午籤：楚霸王烏江別世）

戊午籤

楚霸王烏江自刎

於今莫作此當時，虎落平陽被犬欺，
世間凡事何難定，千山萬水也遲疑。

解籤歸納：個性

解籤

於是，我從這女生的命格、福報、心志、個人需改變的習氣解釋五張籤詩的意義：

命格

「以命格來說，『祿馬』是命理領域的一個專業名詞，表示能帶來福祿——也就是說妳命格中是適合走藝術設計工作方面的，因為妳有藝術家性格。所以，只要朝本身的命格與性格，再加上配合本身的興趣，將來在這個領域裡會很有發展性。

而在心理層面上，只要從事的是本身有興趣的行業，做起事來心情自然愉悅，愉悅會產生熱情，而熱情再加上持之以恆的努力，肯定能有意想不到的好機會發生（也就對應到第二支籤詩中的「一向前途通大道」）。」

福報

「以福報來說，除了上述的部分之外，妳應該感謝祖先及父母親平日所積的陰德，正所謂一命，二運，三風水，四積陰德，五讀書。因此，不可忘記父母之恩情，也許他們平日在家庭教育上對妳嚴厲了些，然而，在嚴厲管教的背後，卻包含著他們對妳無限的疼愛與期許；水有其源、樹有本根，這一點是身為子女不能忘記的。」

心志

「以心志來說，要成為一位頂尖的專業人士，必須經過一番寒徹骨，如同三藏取經般的磨練；前面的路雖考驗重重，只要心志堅定，堅忍不拔，成功就指日可待。」

個人需改變的習氣

「以個人需改變的習氣來說，有自己的想法固然是一件好事，但是如果太過於執著己見，以至於他人的意見或建議都聽不進去的話，這個習氣便極有可能成為妳成長進步的最大阻礙。因此，妳應該謹記下面這個道理：當杯子已經裝滿水的時候，就無法再裝任何東西了。

神明要建議妳的是：

學設計的人通常都會比較堅持自己的設計理念，但太過堅持就會變成執著，最後導致妳完全聽不進去別人對妳的評語與建議，就好像楚霸王項羽死前所面臨的情況（楚霸王烏江別世）。神明就是知道妳有這種傾向，而這個傾向偏偏是學設計的人最容易發生的，所以才要妳時時保持著半杯水的心境，這樣一來，妳的設計路才能走得長久，在專業、本職、學能上才能夠增加廣度與深度。」

解籤需因事而變化

解籤方向，依問事屬性而有所不同。一定要懂得靈活運用，融會貫通。一般人所認為的好籤，不能代表絕對的好。

比如說籤王，乍看之下諸事皆吉的好籤，但如果是生病的人抽到籤王，就需要特別注意了，因為籤王有陽壽已盡、功德圓滿之意；除此之外的人抽到籤王，大多可以往好的方面去解釋：籤王在人格特質上具有領袖特質，以個性來說，則有主觀意識強，固執己見的意義層面。

同樣的道理，抽到一般人認為的壞籤也不需要太擔心，因為神明一旦指出問題點，就必定有法可解。

只要抱持誠心，認真配合神明的指示，把握時機或多加留意，便可逢凶化吉，迎向明亮燦爛的未來。

盡好自己的「五分」

最後，這位高中女生如願考取心中的第一志願，過著充實忙碌的大學生活。一想起她在未經專業訓練前，就做出了工程如此浩大又精美的婚紗，讓我的內心不禁充滿期待，希望能看到她充分發揮興趣、堅持理想，早日成為揚名國際的臺灣之光。

從這個案例可以學到，如果這位高中女生沒有發掘出其他更有興趣的領域（服裝設計系），那很有可能會就讀原本所選擇的應用藝術系。然而，在她第二次來問事時，神明查到若改念服裝設計系，會比原本的應用藝術系還要來得有發展，而這個結果是配合了命格跟心志的總體評估。

在問有關前途或學業方面的問題時，事前一定要認真評估自己的興趣和專長，準備好多個方面的選擇方案，這樣神明才能夠更加精準的配合我們的志趣及個性，指示出未來該走的道路。

在學習精進問事能力的時候，我常常跟大家強調「神五分，人五分」的概念，而這當中的「人」，指的不僅僅是幫忙問事的人。前來問事的當事人，更應該以嚴謹的眼光看待自己的事，唯有自己事先審慎評估，再加上問事者的配合，才能夠幫自己問出最有幫助的解決方法。

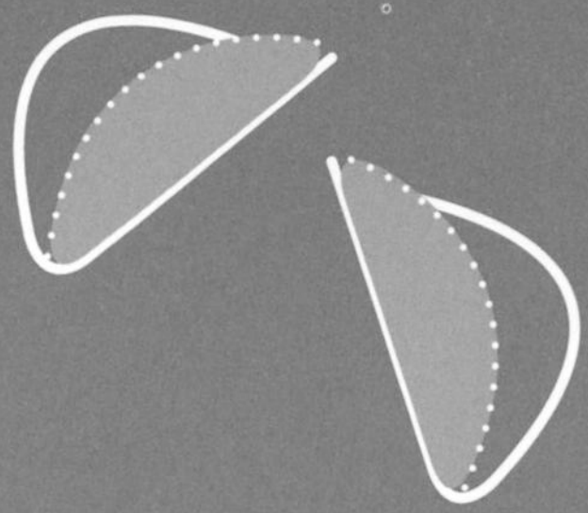

第 3 部

打破擲筊的迷思

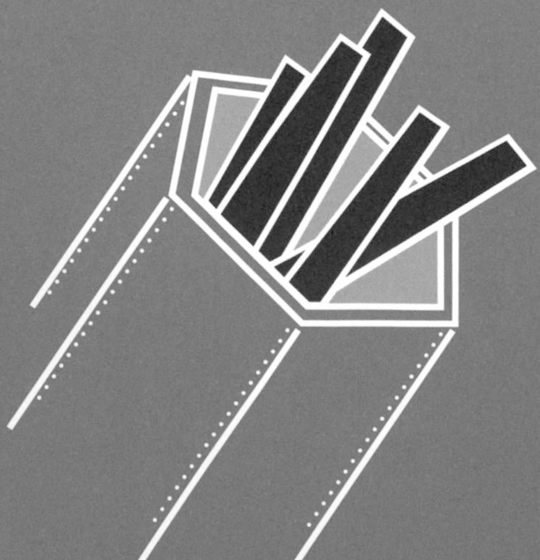

關於擲筊的常見Q&A

Q1 筊的用具有限制嗎？用塑膠的或是銅板代替可以嗎？

一般的筊都是由木頭或竹子做成。如果不是事發突然無法事先準備，建議以木頭或竹子所製成的筊來問事比較好。

Q2 點香向神明報完自己的基本資料和想問的問題後，要等多久才能跟神明要答案呢？香客眾多的廟宇是否要等更久呢？

擲筊一定要有耐心；這個耐心當然包含給神明充足的時間調查我們所要問的事情。我曾經遇過點完香後就急著馬上要問的信徒，結果怎麼問都沒有答案。後來神明指示祂們還未完全調查清楚，得等一下再問。約莫經過了三分之二或一炷香快燒完、準備點第二炷香的時間，神明才開始指示事情原委。所以，為求高準確度，給神明充分的時間調查是有必要的。香客眾多的廟宇並不會因香客多，等待的時間就增長，但若保險一點，最好也要等至少一炷香的時間。

聖筊、陰筊、笑筊、立筊各代表什麼意義？

這個世界本來就是陰、陽所組成；日為陽，月為陰；乾為陽，坤為陰；男為陽，女為陰；六十四卦也是由陰陽變化而成。

聖筊當然也是一陰一陽（一正一反）組成，而且要連續三個聖筊（天、地、人三合）才算數。陰筊、笑筊，是由兩陰或兩陽組成，它們都不是神明要給的答案——換句話說，神明所指示的任何答案，都具天、地之道。

我曾看過八次立筊的情形，這八個人所問的事情皆不同，但唯一相同之處就是這八個人過去已經問過非常多的宮廟，大概對宗教已經沒有多大的信心，這次來問也只是抱著姑且一試的心態。神明有他心通，當然知道這些人在想什麼。所以，在連續得到兩個筊之後，第三個筊就讓它站立起來；神明是要藉此告訴當事人，站立的第三筊一旦倒下只有兩種情形，一種是得到三個筊，另一種是得到兩個筊。至於要什麼情形，由當事人自己決定。具足信心就是三個筊，不具足信心就是兩個筊，也就是由你決定，一切隨緣不強求。

雖說「也要神，也要人」強調在問事者與神明間的中間人很重要，但我們問神明時，一定要通過中間人，才有辦法問出準確的答案嗎？

中間人之所以重要是因為比較有經驗，專業認知上也比較豐富，所以才知道如何幫信徒問問題。當然，若已經懂得問神明的正確觀念，也可以自己問。本書的宗旨就是要教導大家問神的態度與觀念。不過，自己能夠問出來，還要有能力問出解決的方法，才算有始有終。

自己在家中，也可以隨時請示祖先，擲筊問祖先問題嗎？

回答這個問題前，要先問自己為什麼要在家請示祖先呢？所以，不建議在家隨便請示祖先，因為陽有陽的律法、陰有陰的律法、神有神的律法，律法的不同，能力也會有限制性。大部分祖先會透過神明作主傳達訊息，但最重要的是神明會指示解決方法。如果只會問出問題，而沒有解決方法，問題一樣沒有辦法解決。所以，還是請神明找祖先協調後再請示會比較恰當。

同一個問題也許各個神明給的答案不同，神明是否也有分能力高低呢？

同一個問題不同神明指示出來的答案之所以會不同，是因為中間主事之人的能力參差不齊，所以問出來的答案不同。具體來說，主事之人的專業知識承載度，其實扮演著影響神明會指示出什麼答案的重要角色。換個角度思考，如果由同一個人把同一個問題拿去問不同的神明，那問出來的答案就有可能一模一樣。

一定要問與自己相關的問題嗎？可否問有關他人的問題，如暗戀對象？或可以問刑事案件、國際局勢、全球股災之類的問題嗎？

神明會先看你與這個人是什麼關係及要問什麼問題，或者你與要問的這件事的關係又是什麼，來決定祂們會不會指示。比如，幫自己父母親及兄弟姊妹問，有時神明會講。但是，如果你不能幫他們做任何決策時，神明有時也不會做任何指示。還有一種情況就是神明希望直接跟當事人講，不希望由他人代為轉達，一旦轉達錯誤，整件事情有可能會失真。如果這個刑事案件是由你負責，是可以問看看；國際局勢或全球股災並不是我們可以改變的，所以神明有時不會做指示。

去什麼宮廟都可以擲筊問事嗎？神明有自己專門的領域嗎？

是的，只要那間宮廟有開放給人問事，都可以用擲筊的方式問神明。至於神明有沒有自己的專業領域（如問工作找關公或問感情找月老等），是的，神明也跟人一樣，有祂們自己最專長的部分。不過，重點是我們問的這個問題，如果不是這尊神明的專長的話，祂們也會去找其他神明協助研究。比方說五府千歲，五尊神明各有各的專長與責任，雖然專長不同，唯一相同的地方就是一起相互協助眾生解決問題。所以，當我們想問感情或姻緣之事時，其實也是可以問月老以外的神明。

擲筊問神時，需要搭配供品和金紙嗎？有沒有什麼禁忌？

其實，問神時並沒有一定硬性規定要搭配什麼樣的供品。但如果可以的話，買份金紙跟鮮花素果祭拜，其實也是在合情合理的範圍內啦！

信奉其他宗教者，如基督徒，也能用擲筊的方式與他們的神（如基督）溝通嗎？

這可能要詢問不同宗教對這方法的接受度如何了，但能不能拿香祭拜才是重點吧？

玖 注意！這樣擲筊觀念不OK！

✕ 神明回答的答案跟心裡預設的結果不一樣，真不準！

○ 擲筊是以靜態方式在問神明問題，答案必須經過擲筊驗證；對不對、是不是，全由筊的翻動情形決定。是「神明」在一一回答，不會是「人」順藤摸瓜回答問題。至於神明的指示，對就說對，錯就說錯，不用不好意思，兩相對照，事情才能水落石出，正派的宮廟，絕對經得起考驗。若指示出來的答案跟預設的不同，更不能說這個神不準。神明的智慧在人之上，不是在我們之下。所以，人有時要思考一下，是否還有沒想到的地方，而非一味堅持己見。

✕ 身體一不舒服就去問神明。

○ 一遇到身體不舒服，或者生病了，心裡動的第一個念頭是先去找神明而不是先去看醫生，這是一個嚴重錯誤的觀念。正確的作法應該是先看過醫生，若依然沒有起色，才可以來問神明到底是不是有其他原因或假病欠點造成，或是依循真病的問法指引貴人方向。切記，神明是給予建議者，但不能過於依賴、盲從。

✕問到神明指示的姻緣時機後就不管、懶得找工作去求神明保佑就對了！

○不管是找姻緣、找工作、求學業，千萬不要有依賴之心，如果自以為問到了答案就不努力或把握機會，想坐等好結果直接掉在你面前，那是不可能的。

✕與交往很久的另一半口角不斷，到宮廟問彼此是否為對方的正緣。

○若是剛認識，問神明這一段緣分是不是正緣，亦即是不是真正有夫妻命、能夠白頭偕老，這是合理的問法。相對的，對於認識、交往很久，且投入很深感情的情侶來說，雙方只是有一些事情沒有達成共識而已，合理的問法應該是要問自己有什麼缺點及需要改進的地方。「爭端」代表著雙方有一種性格「習氣」，如果不徹底面對它、改進它，將來組成家庭後，同樣的事會一再發生。與其讓它一直惡性循環，倒不如趁雙方還沒正式結婚前，盡快把這種習氣處理掉。這樣將來對雙方、家庭，以及要如何計畫未來都很有幫助。總而言之，問婚姻或感情方面的問題，首先要了解依雙方的交往情況不同，就會有不同的問法。如果兩者情況分不清楚的話，就很容易造成遺憾。

✕一定要發生男女關係才能處理好棘手的問題。

○如果說一定要發生男女關係才能處理體內的什麼髒東西的話，在我個人看來這純屬無稽之談。難道除了這種方法，都沒別的方法可處理了嗎？神通既然廣大，佛法既然無邊，那麼我想應該不會只有這種方法。大道理先不用說，先以一般的道理來看；如果信仰一個宗教，會讓一對夫妻失和、親子反目，進而發展到家庭破裂，這又是哪一種信仰呢？相對的，一個正信的宗教信仰，反倒應該讓一對失和的夫妻重新修好、改善親子關係、重現家庭溫暖，這才是宗教信仰的正向功能，而不是負面增強。所以，如果遇到類似的事情，請一定要三思再三思。

✕剛考完試就問神明自己的成績如何。

○問神明盡量不要問已成事實的問題，如考試完後問成績如何，是沒有多大意義的。應在收到成績單後，先看成績落點，再評估可錄取與自己有興趣的學校與科系，挑選幾個，再讓神明指示最適合就讀、最有前途、對未來最有幫助的那個選項才對。我們要掌握一個重點：首先要發揮智慧思考，再來請神明幫忙檢視我們的思考有無錯誤之處。這種問法準確度最高。

✕要花錢才能消災。

○會來問神明的人，大多數都是已經遭遇到問題的人。就是因為自己不知道要如何處理，所以才會藉由宗教方式解決。但問事者如果太過心急，則容易落入有心人士的陷阱而上當受騙。要學會判斷合理或不合理。問神，有一個重點，真正以濟世救人為主的宗教，不會說要花多少錢才能解決事情，因為這就好像是以錢的數目多寡來決定事情能不能解決，況且如果那個人的經濟有困難，那該怎麼辦呢？想一想，神是慈悲的，是體恤眾生的，所以神明自己會評估，在我們所能負擔的能力範圍內幫我們處理事情。一個正派宗教是不會議價辦事的。如果這個人家境不好，難道神明還會雪上加霜嗎？如果會雪上加霜，那就不是神明了。神明之所以為神明，是因為神清且目明，不會混沌又不明；只有人才會混沌不明，神是不會的。

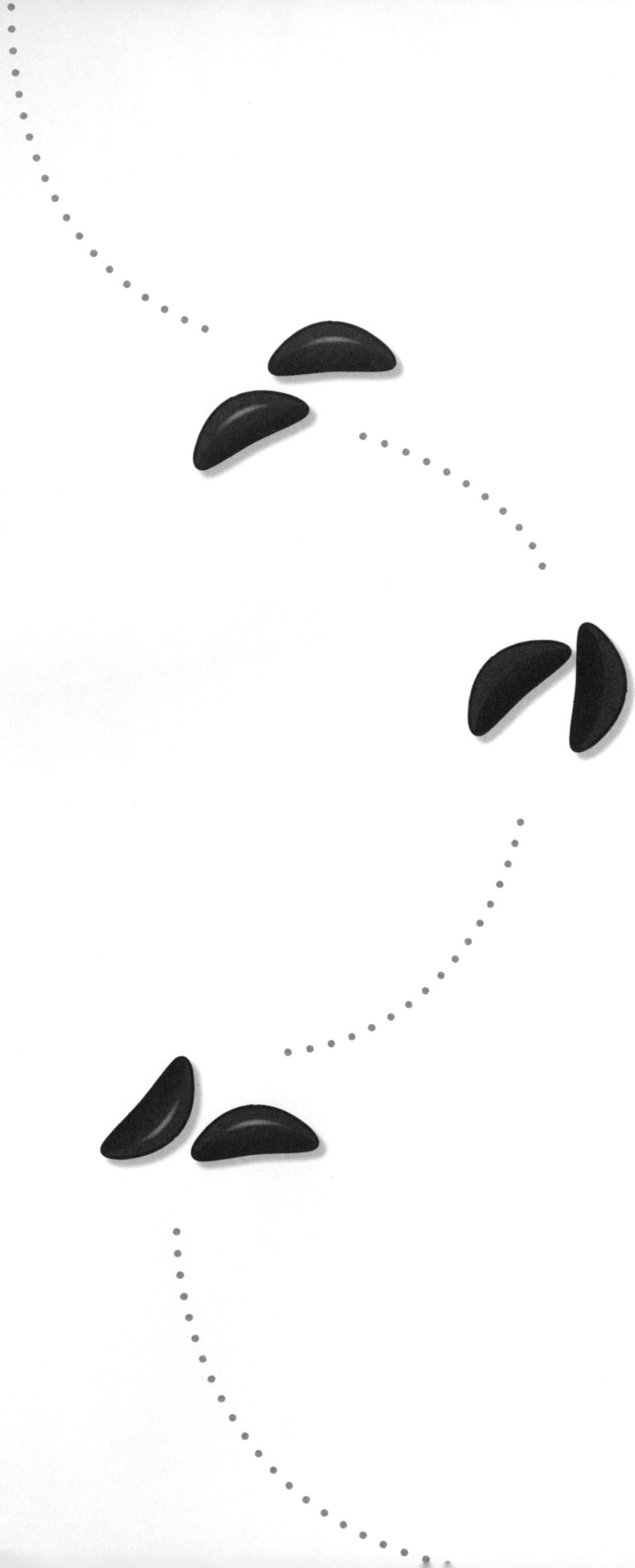

結語

神明沒有錯，關鍵在於人

在新聞媒體上時常看到有關道教方面的負面新聞，不是斂財，就是騙色。結果造成這些有求於神明的人遭受二度傷害，他們有的淚流滿面，有的唉聲嘆氣，也有企圖輕生尋短的。雖然造成這些人這麼痛苦的原因不盡相同，但唯一相同的地方就是：這些人都曾經尋求宗教途徑解決問題。可惜的是，最終結果不是導致這些人對宗教沒信心，就是對宗教有非常負面或是不信任的觀感——尤其是對道教。

在這當中，受傷最深的除了當事人，恐怕就是神明了。因為大部分的人矛頭都指向祂們，再加上祂們不會講話，亦不會為自己辯解，所以只好眼睛連眨也不眨地默默承受。

類似的事件一多，久而久之，道教也因此增加了一道道神祕的面紗。就是因為這一道道不透明的面紗，讓一般人對道教的觀感自然而然地更加敬而遠之。可是，這樣對道教公平嗎？我們再想一想，神明真的會做這種斂財騙色的事嗎？神明既然不會做這些違法的事，那麼這些帳又怎能算在道教的頭上呢？

我非常強調「神五分、人五分」及「也要神、也要人」的道理。神的任務是在幫忙調查我們心中想要問的問題的來龍去脈及解決之道；如果以解決問題的學術角度來看，就是幫我們調查清楚問題是什麼、問題在哪裡、如何解決這個問題。這就是神明這五分的工作。而人這五分的工作，除了我們自己也要思考之外，還有一點指的就是站在神明與當事人中間的立場，幫神明把調查好的這些答案，以足夠的專業能力且不偏不倚、公正客觀的傳達給當事人了解。這同時也是「也要神、也要人」的道理——神與人各有不同的責任。

這個道理懂了以後，我們就有一個清楚的認知，如果再有發生斂財騙色的「神棍」事件，那就很容易判斷到底是哪一個環節出差錯了。

所謂的這個「人」，也就是扮演橋樑立場幫我們問事的這個人，他非常的關鍵。正派當然是先決條件，但他的專業知識承載度、經驗與人生歷練比什麼都還要重要，這橋樑扮演著問出來的結果及神明想傳達的訊息是否準確的一個重要角色。怎麼說呢？如果懂得不夠多，就沒有辦法想到那麼多；沒想到那麼多，就沒有辦法幫我們問出問題來。就算是以起乩或通靈的方式，神明也會觀察傳達者的靈性認知懂多少，來決定講出來的答案訊息其程度是高、低、多、少，不太可能講出超過我們認知的範圍。說穿了就是從一個人所問的問題，可以觀察這個人對這個題目的理解程度。再說得明白一點就是「如果不懂，就不知道該怎麼問」。

擲筊是一種傳統問神的方式，如果選擇這種方式問神，那本書就是一本不可或缺的參考教材。本書藉由人生最常見的五大問題：身體問題、婚姻問題、事業問題、考試問題、學業問題，教導大家如何真正找出造成這些問題的原因，另外，改變以往的思考模式也是本書最大的優點。

舉個例子好了，下班後準備開車回家，這個時候有沒有發現我們絕大部分都會走固定的路線？這是為什麼呢？沒有特別的原因，只因這是我們最熟悉的路線。如果要繞道，除非必要或有特殊原因，不然這種機率會比較少，這就是慣性。同樣地，思考也一樣，通常也會依慣性進行。若沒有打通其他路徑，思考模式還是會走回固定的方式。

那要怎麼改變思考模式呢？

這麼說好了，有一天小明、小芬、小王放學後坐在一棵橘子樹下聊天。聊得正起勁時，忽然掉下三粒橘子，剛好打在他們三人的頭上。他們看到天上掉下來的禮物很高興，不約而同地把掉下來的橘子吃掉。偏偏這三粒橘子又酸又澀，小芬這時就跟小明說：「這橘子是誰種的？怎麼那麼笨，種出這麼難吃的橘子。到底是怎麼種的？小明你知道這橘子怎麼會這麼酸嗎？」

小明回答說：「我哪知道。」

這時小芬跟小明看小王一句話都不講，就問小王：「你知道為什麼橘子會這麼酸嗎？」

小王回答說：「橘子又酸又澀，是因為根部出了問題。通常地底下的東西，決定地面上的東西；看不到的東西，決定看得到的東西；無形的東西，決定有形的東西。因此，表面上看到的問題，通常不會是真正的問題。如果要找出真正的問題，一定要注意那些我們看不到的地方。」小芬跟小明一聽小王的講解之後，從此也改變思考的模式。

本書內容的五大問題，皆是以真正找出根本問題為主。教導大家在問神明問題的時候，一定要注意那些我們平常想不到的地方。換句話說，神明在調查我們所問的問題時，也是著重於它的根源所在。因此，本書裡所敘述的問法流程，更需要用心體會，避免再有頭痛醫頭、腳痛醫腳的思考模式，否則無法使自己更加精進與卓越。

最後，道教問事方面有很多千變萬化的地方，要注意之處也比比皆是，因此不太可能永遠一成不變。希望讀者在讀完本書之後，對道教抱持著正面的觀感，也能對怎麼問神明問題開啟一個全新的觀念。更希望讀者在讀完本書之後，日後如遇到問題，能夠知道如何藉由擲筊的方式，一解心中之疑惑，進而達到自渡而後渡人之境界。

39
Mystery

39

Mystery

39

Mystery

39

Mystery